安徽省高等学校省级质量工程项目"课程思政建设先行高校"（2020kcszxxgx27）、"课程思政建设示范中心"（2020szzx23）、"课程思政教学资源库"（2021kcszzyk005）建设成果

课程思政教学设计案例选编

第一辑

主　编／许继荣　闵永新
副主编／潘锦云　阮建玲
编　委／（按姓氏笔画排序）
　　　　王　平　方玉芬
　　　　刘华圆　张　铭
　　　　陈素根　庞　韬
　　　　彭传山

中国科学技术大学出版社

内容简介

为深入学习贯彻习近平总书记关于教育的重要论述，落实全国高校思想政治工作会议精神，安庆师范大学制定了一系列关于推进和深化课程思政建设的文件，突出强调推进课程思政建设、用好课堂教学主渠道、推进"三全育人"的重要实践，是落实立德树人根本任务的重要载体，也是深化课程教学改革的内在要求。本书是学校在落实课程思政建设要求、深化课程教学改革的阶段性成果，既是对学校课程思政教学工作的总结与反思，也希望将此成功经验在全省乃至全国范围进行推广。全书选编25个课程思政教学案例，涵盖学校9个学科门类10多个专业，每个教学设计案例在思政资源挖掘、目标设计和教学实施中取得了较好的课程思政育人效果。

图书在版编目(CIP)数据

课程思政教学设计案例选编. 第一辑/许继荣，闵永新主编. —合肥：中国科学技术大学出版社，2022.10
ISBN 978-7-312-05535-5

Ⅰ. 课… Ⅱ. ①许… ②闵… Ⅲ. 思想政治教育—教学设计—教案(教育)—高等学校 Ⅳ. G641

中国版本图书馆 CIP 数据核字(2022)第 179735 号

课程思政教学设计案例选编. 第一辑
KECHENG SIZHENG JIAOXUE SHEJI ANLI XUANBIAN. DI YI JI

出版	中国科学技术大学出版社 安徽省合肥市金寨路96号,230026 http://press.ustc.edu.cn https://zgkxjsdxcbs.tmall.com
印刷	安徽联众印刷有限公司
发行	中国科学技术大学出版社
开本	787 mm×1092 mm 1/16
印张	16.25
字数	385千
版次	2022年10月第1版
印次	2022年10月第1次印刷
定价	70.00元

前　言

为深入贯彻落实习近平总书记关于教育的重要论述和全国教育大会精神，贯彻落实中共中央办公厅、国务院办公厅《关于深化新时代学校思想政治理论课改革创新的若干意见》，全面推进高校课程思政建设，教育部于2020年6月印发了《高等学校课程思政建设指导纲要》（简称《纲要》）。《纲要》指出：培养什么人、怎样培养人、为谁培养人是教育的根本问题，立德树人成效是检验高校一切工作的根本标准。落实立德树人根本任务，必须将价值塑造、知识传授和能力培养三者融为一体，不可割裂。全面推进课程思政建设，就是要寓价值观引导于知识传授和能力培养之中，帮助学生塑造正确的世界观、人生观、价值观，这是人才培养的应有之义，更是必备内容。要紧紧抓住教师队伍"主力军"、课程建设"主战场"、课堂教学"主渠道"，让所有高校、所有教师、所有课程都承担好育人责任，守好一段渠、种好责任田，使各类课程与思政课程同向同行，将显性教育和隐性教育相统一，形成协同效应，构建全员全程全方位育人大格局。

2020年12月，安庆师范大学根据《纲要》精神出台了《关于推进课程思政建设的实施意见》（简称《意见》），全面启动了我校课程思政建设工作。《意见》明确以习近平新时代中国特色社会主义思想为指导，以党的二十大精神为指引，全面贯彻落实全国教育大会精神、全国高校思想政治工作会议精神，深入挖掘各类课程和教学方式中蕴含的思想政治教育资源，打造一批学生真心喜爱、终身受益的思想政治理论课课堂；培育一批充满思政元素、发挥思政功能的课程思政示范课程；培养一批具有亲和力和影响力的课程思政教学名师和团队；建设一批课程思政教学研究示范中心；设立一批课程思政建设研究项目；提炼一系列可推广的课程思政教育教学改革典型经验和特色做法；形成一套科学有效的课程思政教育教学质量考核评价体系。

2021年3月，安庆师范大学制定了课程思政教学三年规划，计划在三年内完成所有本科专业课程思政教学设计，实现"课程思政"教学全覆盖，并于当年5月举办"第一届安庆师范大学课程思政教学设计大赛"。本书即是此项课程思政建设计划的阶段性成果,共征集了25个课程思政教学设计案例,分为人文篇、理工篇和艺体篇,涵盖了我校三分之一的学科专业,涉及通识课和专业课在内的多门课程。这些案例包含课程简介、课程思政资源分析、教学案例展示、课件,共4个版块。其中,课程思政资源分析主要是关于课程思政目标和课程思政融入方式的深度剖析,教学案例展示则是课程思政目标及其融入方法在实际教学环节的具体体现。

  本书为安徽省高等学校省级质量工程项目"课程思政建设先行高校"(2020kcszxxgx27)、"课程思政建设示范中心"(2020szzx23)、"课程思政教学资源库"(2021kcszzyk005)建设成果。本书案例的征集与出版,既是对我校课程思政建设阶段性成果的总结,也是对我校课程思政教学经验的公开展示,希望能对广大高校教师在深入挖掘课程思政资源、充分发挥课程育人方面起到一定的借鉴作用。由于时间仓促、水平有限,在案例收集和思政元素选取等方面可能存在一些不足,望广大读者批评指正。

本书编委会

目　录

前言 ·· (i)

人　文　篇

"马克思主义哲学"课程思政教学设计案例 ···································· (003)
 一、课程简介 ·· (003)
 二、课程思政资源分析 ·· (003)
 三、教学案例展示 ·· (004)
 四、课件 ·· (008)

"当代西方政治制度"课程思政教学设计案例 ·································· (014)
 一、课程简介 ·· (014)
 二、课程思政资源分析 ·· (014)
 三、教学案例展示 ·· (015)
 四、课件 ·· (018)

"管理会计"课程思政教学案例 ·· (024)
 一、课程简介 ·· (024)
 二、课程思政资源分析 ·· (024)
 三、教学案例展示 ·· (025)
 四、课件 ·· (030)

"宪法学"课程思政教学设计案例 ·· (036)
 一、课程简介 ·· (036)
 二、课程思政资源分析 ·· (036)
 三、教学案例展示 ·· (038)
 四、课件 ·· (041)

"普通心理学"课程思政教学设计案例 ·· (045)
 一、课程简介 ·· (045)
 二、课程思政资源分析 ·· (045)
 三、教学案例展示 ·· (047)

四、课件 ………………………………………………………………………… (051)

"中国古代文学(1)"课程思政教学设计案例 ………………………………… (055)
一、课程简介 ……………………………………………………………… (055)
二、课程思政资源分析 …………………………………………………… (055)
三、教学案例展示 ………………………………………………………… (056)
四、课件 …………………………………………………………………… (061)

"英语国家社会与文化"课程思政教学设计案例 ……………………………… (064)
一、课程简介 ……………………………………………………………… (064)
二、课程思政资源分析 …………………………………………………… (064)
三、教学案例展示 ………………………………………………………… (065)
四、课件 …………………………………………………………………… (069)

"广告学概论"教学设计案例 …………………………………………………… (073)
一、课程简介 ……………………………………………………………… (073)
二、课程思政资源分析 …………………………………………………… (073)
三、教学案例展示 ………………………………………………………… (075)
四、课件 …………………………………………………………………… (078)

"基础英语(4)"课程思政教学设计案例 ……………………………………… (083)
一、课程简介 ……………………………………………………………… (083)
二、课程思政资源分析 …………………………………………………… (083)
三、教学案例展示 ………………………………………………………… (085)
四、课件 …………………………………………………………………… (088)

"中国历史地理"课程思政教学设计案例 ……………………………………… (092)
一、课程简介 ……………………………………………………………… (092)
二、课程思政资源分析 …………………………………………………… (092)
三、教学案例展示 ………………………………………………………… (094)
四、课件 …………………………………………………………………… (097)

理 工 篇

"数值分析"课程思政教学设计案例 …………………………………………… (103)
一、课程简介 ……………………………………………………………… (103)
二、课程思政资源分析 …………………………………………………… (103)
三、教学案例展示 ………………………………………………………… (105)
四、课件 …………………………………………………………………… (110)

"数据结构"课程思政教学设计案例 …………………………………………… (115)
一、课程简介 ……………………………………………………………… (115)
二、课程思政资源分析 …………………………………………………… (116)

三、教学案例展示 …………………………………………………………… (117)
　　四、课件 ……………………………………………………………………… (121)

"力学"课程思政教学设计案例 ……………………………………………… (126)
　　一、课程简介 ………………………………………………………………… (126)
　　二、课程思政资源分析 ……………………………………………………… (126)
　　三、教学案例展示 …………………………………………………………… (128)
　　四、课件 ……………………………………………………………………… (132)

"光电子技术基础"课程思政教学设计案例 ………………………………… (137)
　　一、课程简介 ………………………………………………………………… (137)
　　二、课程思政资源分析 ……………………………………………………… (137)
　　三、教学案例展示 …………………………………………………………… (138)
　　四、课件 ……………………………………………………………………… (142)

"有机化学(1)"课程思政教学设计案例 ……………………………………… (146)
　　一、课程简介 ………………………………………………………………… (146)
　　二、课程思政资源分析 ……………………………………………………… (146)
　　三、教学案例展示 …………………………………………………………… (147)
　　四、课件 ……………………………………………………………………… (152)

"中国地理"课程思政教学设计案例 …………………………………………… (155)
　　一、课程简介 ………………………………………………………………… (155)
　　二、课程思政资源分析 ……………………………………………………… (155)
　　三、教学案例展示 …………………………………………………………… (156)
　　四、课件 ……………………………………………………………………… (159)

"安徽地理"课程思政教学设计案例 …………………………………………… (163)
　　一、课程简介 ………………………………………………………………… (163)
　　二、课程思政资源分析 ……………………………………………………… (163)
　　三、教学案例展示 …………………………………………………………… (164)
　　四、课件 ……………………………………………………………………… (168)

"环境法学"课程思政教学设计案例 …………………………………………… (173)
　　一、课程简介 ………………………………………………………………… (173)
　　二、课程思政资源分析 ……………………………………………………… (173)
　　三、教学案例展示 …………………………………………………………… (175)
　　四、课件 ……………………………………………………………………… (177)

"大气污染控制工程"课程思政教学设计案例 ………………………………… (182)
　　一、课程简介 ………………………………………………………………… (182)
　　二、课程思政资源分析 ……………………………………………………… (182)
　　三、教学案例展示 …………………………………………………………… (183)
　　四、课件 ……………………………………………………………………… (189)

"微生物学"课程思政教学设计案例 …………………………………………… （192）
 一、课程简介 ……………………………………………………………… （192）
 二、课程思政资源分析 …………………………………………………… （192）
 三、教学案例展示 ………………………………………………………… （193）
 四、课件 …………………………………………………………………… （197）

艺 体 篇

"乐理与视唱练耳"课程思政教学设计案例 ……………………………… （203）
 一、课程简介 ……………………………………………………………… （203）
 二、课程思政资源分析 …………………………………………………… （203）
 三、教学案例展示 ………………………………………………………… （205）
 四、课件 …………………………………………………………………… （209）

"歌曲写作与改编"课程思政教学设计案例 ……………………………… （215）
 一、课程简介 ……………………………………………………………… （215）
 二、课程思政资源分析 …………………………………………………… （215）
 三、教学案例展示 ………………………………………………………… （216）
 四、课件 …………………………………………………………………… （223）

"中西戏剧比较"课程思政教学设计案例 ………………………………… （228）
 一、课程简介 ……………………………………………………………… （228）
 二、课程思政资源分析 …………………………………………………… （228）
 三、教学案例展示 ………………………………………………………… （229）
 四、课件 …………………………………………………………………… （232）

"数码摄影技艺与图片赏析"教学设计案例 ……………………………… （234）
 一、课程简介 ……………………………………………………………… （234）
 二、课程思政资源分析 …………………………………………………… （234）
 三、教学案例展示 ………………………………………………………… （236）
 四、课件 …………………………………………………………………… （239）

"学校体育学"课程思政教学设计案例 …………………………………… （245）
 一、课程简介 ……………………………………………………………… （245）
 二、课程思政资源分析 …………………………………………………… （245）
 三、教学案例展示 ………………………………………………………… （246）
 四、课件 …………………………………………………………………… （249）

后记 ……………………………………………………………………………… （252）

课程思政教学设计案例选编（第一辑）

人 文 篇

"马克思主义哲学"课程思政教学设计案例

一、课程简介

1. 课程性质

马克思主义哲学是思想政治教育专业的学科基础课,共计51学时,3学分,修读对象为思想政治教育专业本科一年级学生,开课时间为第二学期,先修课程为毛泽东思想概论和中国近现代史纲要。

2. 课程内容

本课程旨在全面系统阐释马克思主义哲学的性质和特点,介绍辩证唯物主义和历史唯物主义的基本观点、基本立场和基本方法。通过教学使学生能够系统掌握马克思主义哲学知识、提升辩证思维能力,培育学生理论素养,帮助学生树立正确的世界观、人生观和价值观。为后续马克思主义经典著作选读、中国哲学史和西方哲学史等课程的学习打下基础。

3. 授课教师

张铭,副教授,硕士,主要承担思想政治教育专业的马克思主义哲学和思政公共课教学任务。2018年以来主持省级教研项目6项,获得首届全国思政课教学展示活动大赛二等奖、安徽省思政课说课比赛一等奖、安徽省优秀思政课教师岗位津贴、安庆师范大学"三全育人"——最美教师等荣誉和称号,入选安徽省高校优秀思政课示范课巡讲团,主讲课程获评安徽省级教学示范课、"示范一堂课"和"精彩一课"。

二、课程思政资源分析

(一)课程思政建设目标

本课程旨在帮助学生系统掌握马克思主义哲学,能够从马克思主义实践观出发去解释现实世界,深刻理解马克思主义哲学与旧唯物主义和唯心主义的根本区别,从辩证唯物主义和历史唯物主义角度去分析和理解中国特色社会主义建设伟大实践,从而进一步坚定中国特色社会主义道路自信、理论自信、制度自信和文化自信。

思政目标1:政治认同。通过课程学习,学生能够深刻认识到习近平新时代中国特色社会主义思想中贯穿着辩证唯物主义和历史唯物主义的世界观和方法论,是马克思主义哲学中国化的最新理论成果;把握群众、阶级、政党和领袖之间关系,坚决拥护中国共产党的领导;把握人类社会发展规律,坚定中国特色社会主义道路;把握文化的实质与作用,坚持和发展中国特色社会主义文化;把握科学的价值观,坚持践行和弘扬社会主义核心价值观。

思政目标2:科学精神。通过课程学习,学生能够把握世界物质统一性原理,在实践中遵循一切从实际出发、实事求是的原则;把握唯物辩证法的基本规律和范畴,树立科学的思维方法,增强思维能力;深刻理解人民群众在社会历史发展中的作用,坚持以人民为中心的科学发展观;遵循人类社会基本矛盾运动规律,坚信资本主义必然灭亡和社会主义必然胜利。

思政目标3:使命担当。通过课程学习,学生能够深刻把握马克思主义实践观,自觉推动理论创新与实践创新的相互促进;将生态环境看作基础的社会生产力,推进人与自然和谐共生;把握马克思主义世界历史理论,构建人类命运共同体,为人类文明发展提供中国智慧和中国方案;深刻理解无产阶级解放与全人类解放的关系及意义,积极投身中国特色社会主义伟大实践,为中华民族伟大复兴而奋斗。

(二)课程思政融入方式

马克思主义哲学是思想政治教育专业的学科基础课,本身包含丰富的课程思政元素。通过本课程的教学,不仅要使学生掌握马克思主义哲学的相关知识,同时更要使其相信马克思主义哲学所揭示的立场、观点和方法,并且能够将其运用于认识世界和改造世界的实际活动。因此,在教学方法中,主要采取案例分析、课堂研讨、自主探究和社会实践等方式来强化思政效果,实现课程思政目的。在具体教学设计中,主要运用习近平总书记提出的思政课教学改革方法,做到坚持"八个统一",即坚持政治性和学理性相统一、价值性和知识性相统一、建设性和批判性相统一、理论性和实践性相统一、统一性和多样性相统一、主导性和主体性相统一、灌输性和启发性相统一、显性教育和隐性教育相统一。

三、教学案例展示

经济基础与上层建筑的矛盾运动及其规律

教学展示内容选自高教出版社出版的《马克思主义哲学》(第2版)中第八章"社会基本矛盾及其运动"中第二节"经济基础与上层建筑的矛盾运动及其规律"。该节教材包含有四目内容:经济基础与上层建筑、经济基础与上层建筑的矛盾运动、上层建筑一定要适合经济基础状况的规律、社会形态更替的统一性和多样性。本案例主要讲授前三目,讲授时间为1学时。

(一)教学目标

1. 情感态度与价值观目标

(1)通过本课题的学习,帮助学生深刻把握党和国家制定的路线、方针和政策的哲学依据,从而坚定"四个自信"。

(2)通过本课题的学习,帮助学生深刻认识习近平新时代中国特色社会主义思想从理论和实践上系统地回答了新时代坚持和发展什么样的中国特色社会主义、怎样坚持和发展中国特色社会主义这一重大的时代课题,从而做到"两个维护"。

2. 知识与技能目标

(1)通过本节课的学习,学生在真正领会唯物辩证法对立统一规律的基础上,深刻理解经济基础与上层建筑及其矛盾运动关系;深刻领会作为人类社会的基本矛盾,它们在社会发展中的决定作用。

(2)通过本节课的学习,学生具备运用社会基本矛盾的原理与方法,认识和分析当代中国与世界发展的重大理论与现实问题的能力。

3. 过程与方法目标

(1)以教学内容为核心,提供多层次多方面案例,运用一系列问题链,引导学生分析思考教学内容,把握教材相关知识。

(2)运用自主学习、小组讨论和课后探究等方式,提升学生综合能力,实现知和行的统一。

(二)教学重难点

教学重点:深刻把握经济基础与上层建筑的矛盾运动及其规律。

教学难点:认识生产资料的所有制形式在生产关系性质方面的决定作用,把握"两个毫不动摇";深刻理解观念上层建筑与意识形态的重要功能。

(三)教学方法、教学资源

教法:迁移教学法、案例分析法、问题引导法。
学法:自主学习法、小组讨论法、探究学习法。
教学资源:
(1)《马克思主义哲学》编写组.马克思主义哲学[M].2版.北京:高等教育出版社,2020.
(2)本书编写组.马克思主义基本原理[M].北京:高等教育出版社,2021.
(3)本书编写组.毛泽东思想与中国特色社会主义理论体系概论[M].北京:高等教育出版社,2021.

(4) 本书编写组.思想道德与法治[M].北京:高等教育出版社,2021.
(5) 本书编写组.中国近现代史纲要[M].北京:高等教育出版社,2021.
(6) 央视记录片《百年中国》第28集"开国".

(四) 教学过程

教学环节一:新课导入

教师播放课件,展示一段影片:《百年中国》中"开国"中的第五部分"协商建国"(时长2分钟)和十三届人大一次会议新闻(时长25秒)的剪辑合成版。

引导学生从"当时中国的社会历史状况和社会阶级状况"的角度来思考我国当时政治上层建筑状况。进而导入正文:经济基础与上层建筑的矛盾运动及其规律。

思政元素融入设计:

(1) 将"党史"教育融入专业课教学。

(2) 利用社会当下发生的重大事件和历史事件进行对比,激发学生兴趣,在学生思考和发言过程中,完成对新课的导入。

教学环节二:新课讲授

知识点一:经济基础。

引导学生阅读教材 P155 关于经济基础内涵的相关内容。让同学思考新中国成立初期和当下我国的经济基础状况。

同学回答后课件展示新中国成立初期和现在我国的经济基础状况。(对应思政课中的《中国近现代史纲要》和《毛泽东思想和中国特色社会主义理论体系概论》教材中内容。)

引导学生理解经济基础的三对关系:经济基础与生产力、经济基础与生产关系和经济基础与经济体制。

思政元素融入设计:

(1) 将"党史"教育融入专业课教学。同时回归导入,使学生对经济基础的认识由感性、模糊的认识上升为理性、精确的认识。

(2) 专业课与思政课同向同行。

通过对经济基础的分析,让学生理解十九大提出的"两个毫不动摇"和"两个没有变"的相关论断,进而实现政治认同思政目标。

知识点二:上层建筑。

引导学生阅读教材 P158~159 中关于上层建筑内涵的相关内容,指出"上层建筑是建立在一定经济基础之上的意识形态(观念上层建筑)以及与之相适应的制度、组织和设施(政治上层建筑)"。

知识小点1:观念上层建筑与政治上层建筑的关系。

PPT展示习近平总书记在纪念马克思诞辰200周年大会上的讲话节选片段,提出问题:从这段材料中能够发现政治上层建筑和观念上层建筑有什么关系?引导学生阅读材料,指出马克思主义是观念上层建筑,中国共产党、社会主义国家等属于政治上层建筑,两者存在一定联系。

知识小点2：国家的产生、本质和职能。

PPT播放关于2013年美国"棱镜门"的相关报道，提出问题：资本主义国家的本质和职能有什么特点？

知识小点3：国体与政体及其关系。

课件展示不同国家领导人的称呼，让学生思考这些国家领导人的称呼为什么有区别。

课件展示中国、德国、日本、美国的国体和政体（政权组织形式），结合材料，教师介绍国体与政体及其相互关系。

思政元素融入设计：

（1）让学生掌握政治上层建筑和观念上层建筑的区别和联系，启发他们得出马克思主义理论与中国特色社会主义建设两者之间的关系。

（2）了解国家的产生、本质和职能，初步引导他们发现资本主义国家的本质特征。

知识点三：经济基础与上层建筑的矛盾运动及其规律。

知识小点1：经济基础决定上层建筑和上层建筑反作用于经济基础的矛盾关系。

引导学生阅读教材P160中内容，在课件上同时展示我国宪法的基本原则（道德与法治课教学内容）和资本主义国家的宪法原则（马克思主义基本原理课教学内容）。

提出问题：两种不同宪法原则存在哪些异同？为什么会存在这些差异？

教师总结：中国和西方国家的经济基础不同，导致宪法原则不同；宪法是国家根本大法，确认、维护统治阶级利益。

知识小点2：经济基础与上层建筑的矛盾运动及其在实际运行中的复杂性。

教师引导学生阅读教材P162，提出问题：古今中外有哪些历史事件能够证明经济基础与上层建筑矛盾运动的复杂性？

学生分组讨论并推选代表进行大班汇报。

知识小点3：上层建筑一定要适合经济基础状况的规律。

教师引导学生阅读教材P162～163，同时，课件播放视频"从100到25——关注历届政府机构改革"（时长1分58秒）和"专家学者积极评价《国务院机构改革方案》"（时长2分03秒）。

安排学生结合教材知识理解本段材料，并进行班级交流分享。

思政元素融入设计：通过对国务院机构改革这一社会热点问题，将其同经济基础与上层建筑矛盾运动规律相结合，彼此相互印证，提升学生理论联系实际能力、抽象分析能力和矛盾分析能力，同时和思政课"毛泽东思想和中国特色社会主义理论体系概论"相关内容相互呼应。

教学环节三：课后延伸

布置实践作业：请同学们查阅资料，自十九大以来，党和国家在哪些领域出台了重大改革措施，分析这些措施的背景及对相关人群的生产生活带来的影响。以小组为单位，进行课外调研，撰写调研报告。

思政元素融入设计：将实践教学与课后作业相结合，进一步巩固学生政治认同和科学精神，使课程思政由知到行，彻底落实课程思政教学目标。

(五) 教学反思

经济基础与上层建筑的矛盾运动规律和生产力与生产关系矛盾运动规律一起构成了人类社会发展的基本规律,该部分属于马克思主义哲学中历史唯物主义部分的重要内容。学好这一章节能够有助于学生把握后面人类社会形态的更替、阶级斗争的历史作用、改革和革命等内容。更为重要的是,在中国特色社会主义进入新时代以后,我国在政治、经济、文化等领域不断深化改革,而上层建筑一定要适合经济基础发展状况的规律,为改革提供了哲学依据。在教学中,应当有意识的引导学生把握这一规律的理论意义和实践意义,从而增强学生的政治认同、科学精神和使命担当。

四、课件

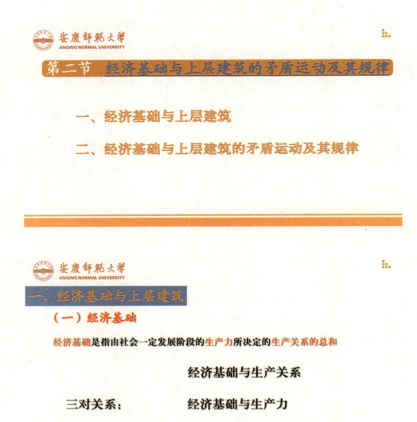

经济基础与生产关系

社会一定发展阶段往往存在多种生产关系，但决定社会性质的是其占统治地位的生产关系。

问题：我国在建国初期和新时代存在哪些生产关系？

"毫不动摇巩固和发展公有制经济"
——十九大报告

政治认同

经济基础与生产力

生产力发展的程度决定出现什么样的经济基础。

我国的生产力在某些地区和某些领域仍然存在不平衡不充分的现象。

"仍处于并将长期处于社会主义初级阶段的基本国情没有变"。
"是世界最大发展中国家的国际地位没有变"。
"毫不动摇鼓励、支持、引导非公有制经济发展"。

——十九大报告

经济基础与经济体制

经济基础的实质是社会一定发展阶段上的**基本经济制度**，是制度化的物质社会关系。

经济体制是社会基本经济制度所采取的组织形式和管理形式，是生产关系的具体实现形式。

基本经济制度和经济体制既有区别又有联系。

（二）上层建筑

上层建筑是指建立在一定经济基础之上的意识形态以及相应的制度、组织和设施。

意识形态（观念上层建筑）：政治法律思想、道德、艺术、宗教、哲学等。

制度、组织和设施（政治上层建筑）：国家政治制度、立法司法制度、行政制度以及国家权力机构、政党、军队、法庭等政治组织形态和设施。

意识形态（观念上层建筑）

意识形态是指反映社会的经济关系、阶级关系的社会意识。

社会意识具有相对独立性，能够对社会存在起能动的反作用。

社会意识的能动作用是通过指导人们的实践活动实现的。

一种社会意识发挥作用的程度及范围大小、时间长短同它实际掌握群众的深度和广度密切联系在一起。

"经济建设是党的中心工作，意识形态工作是党的一项极端重要的工作"
——习近平在全国宣传思想工作会议上的重要讲话

政治认同

制度、组织和设施（政治上层建筑）

国家是政治上层建筑的核心，其实质是一个阶级统治另一个阶级的工具，它是在经济上占支配地位的阶级为维护其根本利益而建立起来的强制性暴力机关，以保障其在政治上也成为统治阶级。

国体：是指社会各个阶级在国家中的地位，表明哪个阶级是统治阶级。

政体：是指统治阶级进行阶级统治的具体组织形式、政权构成形式。

国体与政体及其相互关系

思考题：同样都是资本主义国家，为什么英国、德国、美国等国的国家元首称谓、权责不同？

引导学生加深对国体与政体之间关系的理解。

政治认同

观念上层建筑与政治上层建筑的辩证关系

阅读材料：
在这个历史大潮中，一个以马克思主义为指导、一个勇担民族复兴历史大任、一个必将带领中国人民创造人间奇迹连的马克思主义政党——中国共产党应运而生。

中国共产党诞生后，中国共产党人把马克思主义基本原理同中国革命和建设的具体实际结合起来，团结带领人民经过长期奋斗，完成新民主主义革命和社会主义革命，建立起中华人民共和国和社会主义基本制度。

理论的生命力在于不断创新，推动马克思主义不断发展是中国共产党人的神圣职责。我们要坚持用马克思主义观察时代、解读时代、引领时代，用鲜活丰富的当代中国实践来推动马克思主义发展，用宽广视野吸收人类创造的一切优秀文明成果，坚持在改革中守正出新、不断超越自己，在开放中博采众长、不断完善自己，不断深化对共产党执政规律、社会主义建设规律、人类社会发展规律的认识，不断开辟当代中国马克思主义、21世纪马克思主义新境界！
——习近平在纪念马克思诞辰200周年大会上的讲话

思考：这段材料反映了观念上层建筑和政治上层建筑的关系是怎样的？

观念上层建筑和政治上层建筑的关系：

1. 观念上层建筑决定政治上层建筑。任何国家的上层建筑都是按照统治阶级的意志建立的，是为统治阶级的统治服务的。

2. 政治上层建筑一旦形成，又会成为一种强大的、既定的现实力量，反过来影响观念上层建筑。

播放"百年中国"之开国之五
——协商建国

思考问题：
新中国成立初期，我国上层建筑和经济基础有怎样的关系？

二、经济基础与上层建筑的矛盾运动及其规律

(一)经济基础与上层建筑矛盾运动的主要内容

思考讨论题：
为什么社会主义宪法原则和资本主义宪法原则会存在这些差异？不同性质的宪法对于统治阶级的阶级统治有什么意义？

社会主义宪法原则	资本主义宪法原则
党的领导原则	私有制原则
人民主权原则	"主权在民"原则
尊重和保障人权原则	分权与制衡原则
社会主义法治原则	人权原则
民主集中制原则	
"基础"教学内容	原理课第四章内容

结论：
经济基础决定上层建筑；上层建筑反作用于经济基础。

(二)经济基础与上层建筑的矛盾运动的复杂性

经济基础与上层建筑矛盾运动在实际运行中具有一定的复杂性。

阅读P161-162教材内容，思考：
近现代中国有哪些历史事件能够证明经济基础与上层建筑矛盾运动的复杂性？

（三）上层建筑一定要适合经济基础状况的规律

阅读材料： "深化党和国家机构改革是新时代坚持和发展中国特色社会主义的必然要求。党和国家机构职能体系作为上层建筑，是中国特色社会主义制度的重要组成部分，需要适应社会生产力进步、经济基础变化而不断完善。新中国成立后……改革开放以来……中国特色社会主义进入新时代，党和国家机构职能体系必须与新时代中国特色社会主义发展的要求相适应。但要看到，当前党和国家的机构设置和职能配置同统筹推进"五位一体"总体布局、协调推进"四个全面"战略布局的要求还不完全适应，同实现国家治理体系和治理能力现代化的要求还不完全适应，必须按照坚持和发展中国特色社会主义的要求，深化党和国家机构改革。"

——中共中央关于深化党和国家机构改革的决定（2018年2月28日）

播放视频： "从100到25，——关注历届政府机构改革"（时长1分58秒）
和"专家学者积极评价《国务院机构改革方案》"（时长2分03秒）

思考： 为什么新中国成立后党和国家在不断地改革政府机构部门？

结论： 上层建筑一定要适合经济基础状况的规律。

课后拓展

请同学们查阅资料，自十九大以来，党和国家在哪些领域出台了重大改革措施，分析这些措施的背景，及对相关人群的生产生活产生怎样的影响。以小组为单位，进行课外调研，撰写调研报告。

"马克思主义哲学"课程思政教学设计案例

"当代西方政治制度"课程思政教学设计案例

一、课程简介

1. 课程性质

当代西方政治制度是思想政治教育专业的学科选修课,共计 34 学时,2 学分,修读对象为马克思主义学院思想政治教育专业本科二年级学生,开课时间为第二学期,先修课程为政治学原理和西方政治思想史。

2. 课程内容

"当代西方政治制度"是一门基础课课程,运用马克思主义的立场、观点、方法来分析西方政治制度。内容结构上对主要西方国家的政治制度以专题介绍和分析为主,即对西方国家的宪法、选举制度、政党制度、议会制度、行政制度、司法制度、社会监督制度分专题进行介绍和分析。通过学习,学生在了解主要西方国家政治制度的基本内容和利弊的基础上,深刻认识其实质并加以现实思考和运用,培养和提高分析问题、解决问题的能力。

3. 授课教师介绍

叶超群,讲师,硕士,主要承担思想政治教育专业的中国共产党思想政治教育史、当代西方政治制度和思政公共课教学任务。曾获安徽省辅导员年度人物称号、安庆师范大学首届课程思政教学设计大赛三等奖。

二、课程思政资源分析

(一) 课程思政建设目标

本课程旨在帮助学生掌握马克思主义世界观和方法论,从历史与现实、理论与实践等维度深刻了解西方国家政治制度的基本构架及其运行机制,通过对西方政治制度内在本质的揭示，深化学生对西方政治制度的理性认识，提升他们的政治判断力和比较分析能力，增强中国特色社会主义的制度认同。

思政目标 1：政治认同。通过课程学习，引导学生全面认知西方政治制度，从现实发展的比较中全面认识中国特色社会主义政治制度的优越之处，进一步坚定中国特色社会主义制度自信。

思政目标 2：家国情怀。帮助学生加深对西方政治文化的认识，理解中国特色社会主义制度有着自己成长发展的历史人文土壤，是区别于任何西方政治制度和其他政治制度的，是中国人民通过对历史文化不断反思而做出的合理选择。

思政目标 3：科学精神。帮助学生正确辨别网络媒体美化西方政治民主，矮化、丑化中国特色社会主义制度的做法，培养大学生的辩证思维方式，掌握正确辨别政治制度优劣的科学知识。

（二）课程思政融入方式

当代西方政治制度课程思政融入方式多种多样，包括教学渗透、案例（故事）分享和拓展阅读、实践教学等多种形式。

（1）教学渗透：教案设计过程中，专门设置思政目标，选择合适的知识点，设计思政教育元素的融入环节与方式。如讲授"当代西方国家选举制度"时，通过西方主要国家的选举方式与中国的选举方式的对比，引导学生了解西方所谓民主在西方社会的运行状态，消除对西方民主的错误理解及盲目崇拜，激发学生的爱国意识、民族意识和家国情怀。

（2）案例（故事）分享：结合当代西方政治制度的教学内容，围绕彰显政治认同、强化学生"四个自信"等编写专题案例，课程的每个章节均可编写中西方在政治制度方面的真实案例供分享。

（3）实践教学：当代西方政治制度课程学习既突出理论性，又突出实践性，而要真正把握西方政治制度的实质，还需要更深入的研究。可以是课堂情境设置和案例讨论等，如在讲授西方国家司法制度时，组织学生搜集西方一些国家通过媒体手段妄图达到美化西方政治民主，矮化、丑化中国特色社会主义制度的做法，组织学生讨论西方政治制度的实质，鉴别复杂的政治现象，增强政治判断力。

三、教学案例展示

西方国家政党的产生和分类

教学展示内容选自中国人民大学出版社《当代西方政治制度导论》（第 2 版）中第四章"当代西方国家的政党制度"第一节"西方国家政党的产生和分类"。该节教材包含四目内容：政党的含义、政党的特征、政党是一个历史范畴、政党的类型。本案例讲授四目内容。授课时间为 1 学时。

（一）教学目标

1. 情感态度与价值观目标

（1）通过本课程的学习，牢固树立马克思主义阶级立场，增强对马克思主义的理论认同。

（2）通过本课程的学习，坚定中国特色社会主义的制度自信，坚定马克思主义信念，能够旗帜鲜明地抵制和反对歪曲、破坏中国特色政党制度的行为。

2. 知识与技能目标

（1）掌握政党的含义，准确地认识和把握政党的性质和特征，了解近现代意义上西方政党产生的基础和方式，学会划分政党的类型。

（2）能够运用马克思主义阶级分析方法分析现实中纷繁复杂的政党现象。

3. 过程与方法目标

（1）课程教学中坚持比较分析方法等，引导学生分析思考教学内容，把握教材相关知识。

（2）采用课堂研讨、自主探究和课后实践等方法，实现知和行的统一。

（二）教学重难点

教学重点：政党的性质和特征。运用马克思主义阶级分析的观点，认识政党与政权紧密关联，以谋取政权和执掌政权为实现其纲领的主要手段，有明确的政治纲领。

教学难点：西方政党制度的本质。从西方政党制度的发展和中西方政党制度的比较中，了解西方政党制度和所谓西方民主，但其普世性的民主价值带有虚假性和欺骗性。

（三）教学方法、教学资源

教法：课堂讲授法、问题研讨法、案例分析法。
学法：自主学习法、小组讨论法、探究学习法。
教学资源：

（1）唐晓,王为,王春英.当代西方政治制度导论[M].2版.北京:中国人民大学出版社,2016.

（2）杨光斌.当代中国政治制度导论[M].2版.北京:中国人民大学出版社,2015.

（3）景跃进,张小劲.政治学原理[M].3版.北京:中国人民大学出版社,2015.

（4）本书编写组.西方政治思想史[M].2版.北京:高等教育出版社,2019.

（5）微视频"疫情大考 中国答卷".

（6）人民日报"百年大党，展现自信与担当（百名外国政党政要看中共）".

（四）教学过程

教学环节一：新课导入

启发式导入：请同学们回答含"党"字的成语。通过同学们的回答，从说文解字角度阐述汉语中的"党"，从传统封建社会带有贬义的色彩到今天特指中国共产党的转变。同时对比西方文化中关于"党"的解释，从中西方文化中对"党"的解释，让同学们谈对政党的初步印象。

思政元素融入设计：通过对比中西方文化中的"党"的解释，深刻感受在底蕴深厚的中华文化源头就鲜明地彰显着对大公无私的集体主义精神与家国情怀这些可贵品质的褒扬，而凸显出对私而忘公的个人主义的蔑视。

教学环节二：新课讲授

知识点一：政党的含义。

引导学生分析社会现实中存在着各种各样的群团组织或社会组织，如：乒乓球爱好者协会、消费者协会、动物保护协会等组织与政党的根本区别，引出政党的含义。同时对比西方学者的代表性观点和马克思主义对政党的解读，让学生深刻理解政党和政权紧密关联，然而，西方学者总是回避政党的阶级属性，实质上是竭力掩盖自己的阶级性质，运用阶级分析方法引出政党的含义。

思政元素融入设计：启发学生运用马克思主义阶级分析的方法，增强对马克思主义理论的认同。

知识点二：政党的特征。

课堂活动：世界各国政党介绍接龙。

通过学生列举的政党，讲解政党的特征，组织学生讨论入党的条件，明确政党区别于其他社会组织的主要标志是有明确的政治纲领。

思政元素融入设计：结合党章对入党条件的规定，让学生了解入党的条件，同时延伸中国共产党的纲领，引导学生向党组织靠拢的方向和目标，坚定共产主义的信念。

PPT 展示：从漫画案例"驴象之争"的美国大选，引导学生认识政党是以谋取政权和执掌政权为实现其纲领的主要手段。

知识点三：政党是一个历史范畴。

组织学生讨论交流：在共产主义社会还存在政党吗？为什么？

教师列举西方代表性的国家政党的产生过程。

引导学生认识到政党经历了一个从无到有，从小到大，又从有到无的过程，是存在于特定历史时期的政治现象。

知识点四：政党的类型。

小组合作 1：结合教材，引导学生从政党的社会基础、意识形态、纲领政策、参政方式、法律地位、阶级属性等角度归纳总结政党划分的不同类型。

小组合作 2：组织学生选择对应中西方政党制度的关键词，阐述中西方政党制度差异。

集中观看微视频《疫情大考 中国答卷》，结合人民日报刊发的"百年大党，展现自信与担当（百名外国政党政要看中共）"，引导学生思考：与当代西方国家各种政党制度相比，我们国家的政党制度优越性在哪里？

思政元素融入设计：通过疫情大考中西方的应对举措和百年党史，让学生深刻感受到中国共产党的领导地位是历史和人民的选择，是由我国国体性质决定的，是由我国宪法明文规定的。中国共产党领导是中国特色社会主义最本质的特征，是中国特色社会主义制度的最大优势，引导学生拥护中国共产党的领导，增强制度认同。

教学环节三：课后延伸

布置实践作业：结合"青年新声·学'四史'"宣讲团活动，宣讲我国政党制度的优越性。

思政元素融入设计：将实践教学与课后作业相结合，进一步巩固学生政治认同和科学精神使课程思政由知到行，彻底落实课程思政教学目标的实现。

（五）教学反思

西方政党制度是西方民主制的重要内容之一，是西方政党政治的主要表现形式。但各国由于历史环境的不同，政党制度也因此纷繁多样、各具特色。面对纷繁复杂的政党现象，在课程教学中，需要坚持马克思主义阶级立场和分析方法，结合时政素材，深刻揭示政党的本质。授课过程中通过合作、探究学习，在观察、讨论、展示、合作中逐步培养学生的能力。作为思想政治教育专业的学生，我们不仅要学习西方政党有关知识，同时还需要正确运用马克思主义的方法科学分析比较我们国家政党制度的优越性，做到逻辑上要贯通，情感上要真实，导向上要鲜明。因此在教学中通过对中西方政党比较，澄清学生的认识误区，加强学生对我国政党制度的认识，增强学生的政治认同。在课后，布置宣讲任务，让学生做到融会贯通，以取得较好的教学效果。

四、课件

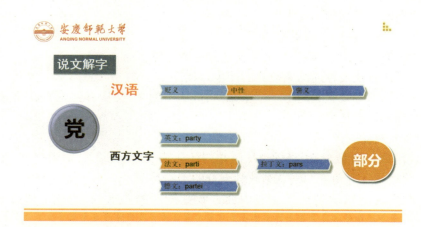

心得体会

通过以上的"说文解字",我们是否可以认为:**在底蕴深厚的中华文化源头就鲜明地彰显着对大公无私的集体主义精神与家国情怀这些可贵品质的褒扬,也显现出对私而忘公的个人主义的蔑视。**

一、政党含义

思考:

社会现实中存在着各种各样的群团组织或社会组织,如乒乓球爱好者协会、消费者协会、动物保护协会等。这些组织与政党的根本区别在哪里呢?

一、政党含义

1. 政党是人们在共同商定的某种原则下联合起来促进国家利益的社会团体 —— E.伯克
2. 政党是作为选举(竞选)而建立的组织 —— L.D.爱普斯坦
3. 政党的目标是谋求公职和控制政府 —— 杰弗里·庞顿等
4. 政党是代表一定阶级、阶层或集团的根本利益,为实现某些政治目的,特别是为了取得政权、保持政权或影响政权而建立的一种政治组织 —— 马克思主义

二、政党的特征——从大学生入党说起

- 反映一定阶级或阶层的共同利益
- 有明确的政治纲领（政党区别于其他社会组织的主要标志）
- 以谋取政权和执掌政权为实现其纲领的主要手段
- 有系统的组织机构和组织纪律

美国政党之争

美国民主党和共和党交替上台执政至今，虽然在内外政策和治国方略上有所不同，但随着时间的推移，两党逐渐去掉了最初所代表的不同阶级利益这一差别，自19世纪以来，两党都演变为垄断资产阶级的代表，其执政的本质都是为了维护垄断资产阶级的根本利益。

三、政党是一个历史范畴

思考： 在共产主义社会还存在政党吗？为什么？

政党经历了一个从无到有、从小到大、又从有到无的过程。

四、政党的类型

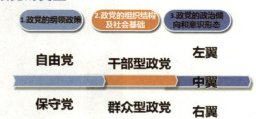

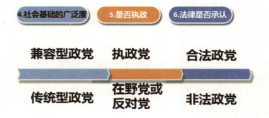

◆ 中西方政党制度比较

✓ 请将关键词进行分类：

1. 代表的利益不同
2. 政党之间的关系不同
3. 执政的合法性来源不同

疫情大考——中西方政党制度比较

自4月中旬以来,随着单日确诊病例数陡然上升,印度仿佛进入抗疫的"至暗时刻"——累计确诊新冠病例近2400万、死亡近26万例。

疫情暴发后,莫迪依然忙于竞选活动:4月14日印度单日新增确诊病例已超过20万,但鼓励民众投票给印人党一直是莫迪推特的主要内容;4月22日印度新增确诊病例已超30万,莫迪的推特仍提醒民众"不要忘记参加西孟邦第六阶段选举投票";4月23日,印度疫情恶化之势已为全世界所知,莫迪当日仍参加西孟邦的线上选举集会并发表演讲。

疫情大考中的"中国答卷"

新冠肺炎疫情来势之汹、传播之烈、扩散之快、范围之广、挑战之大,堪称前所未有。疫情发生后,党中央高度重视,迅速作出部署,对疫情防控集中统一领导。举国上下众志成城,共同抗击病魔,守护家园,处处闪耀着中华民族**家国情怀**之光。

家国情怀

中国共产党的领导是中国特色社会主义制度的最大优势

疫情防控告诉我们,中国共产党是最高领导力量,中国共产党的领导是中国特色社会主义制度的**最大优势**。在疫情防控过程中,党中央统一部署、协调各方,彰显了坚持党的**集中统一领导**的显著优势,正是有了党中央的集中统一领导,实现了疫情防控工作全国一盘棋、全面有效部署,我们才取得了令世界瞩目的重大成果。

疫情防控充分彰显中国政党制度的优势

✓ 第一大优势，是始终代表人民利益，凝聚着"想在一起"的奋进意识。
✓ 第二大优势，是始终站稳政治立场，夯实着"站在一起"的团结根基。
✓ 第三大优势，是始终迈出坚实步伐，落实着"干在一起"的实际行动。

政治认同

中国共产党领导的多党合作和政治协商制度作为我国一项基本政治制度，是中国共产党、中国人民和各民主党派、无党派人士的伟大政治创造，是从中国土壤中生长出来的 新型政党制度。
——习近平总书记在全国政协十三届一次会议民盟、致公党、无党派人士、侨联界委员联组会上发表重要讲话

小 结

世界格局在变，发展格局在变，各个政党都要顺应时代发展潮流、把握人类进步大势、顺应人民共同期待，把自身发展同国家、民族、人类的发展紧密结合在一起。

我们不"输入"外国模式，也不"输出"中国模式，不会要求别国"复制"中国的做法。

西方国家政党制度曾经推动了西方民主进程，但其普世性的民主价值带有虚假性和欺骗性。在中国，不搞两党制或多党制，共产党不能放弃自己的领导权，其实质，就是不能放弃人民当家作主的政治地位和最广大人民的根本利益。

✓ 课后实践：
- 结合"青年新声·学'四史'"宣讲团活动，宣讲我国政党制度的优越性。

"管理会计"课程思政教学案例

一、课程简介

1. 课程性质

管理会计是财务管理、会计学等专业的专业基础课,共计 34 学时,2 学分,修读对象为经济与管理学院财务管理专业本科二年级学生,开课时间为第二学期,先修课程为微观经济学、会计学原理、管理学原理等基础课程。

2. 课程内容

通过对管理会计课程的学习,学生应较为全面系统地了解现代管理会计的基本理论和方法,掌握各种预测、决策、全面预算、成本控制、责任考核评价的技术方法及相关知识。通过系统地学习管理会计理论、方法、技术,学生具备一定的分析和解决企业内部经营管理问题的能力,为走上工作岗位后,在加强企业管理、改善生产经营、提高企业经济效益等方面发挥积极作用打下扎实的基础。

3. 授课教师介绍

赵亚娟,中共党员,副教授,博士,主要承担管理会计、成本会计、战略管理的教学任务。一直从事于管理学等相关学科的教学与科研工作,主持和参与教育部、省部级的科研项目 10 余项。

二、课程思政资源分析

(一)课程思政建设目标

管理会计是会计学的一个分支,在企事业单位具有广泛应用空间,主要为企业的战略制定、经营决策与管理控制提供相关信息,对推动经济转型和产业升级,实现国家治理体系和治理能力现代化具有重要意义。作为财务管理专业的基础专业课程,课程以强化商科大学生职业生存能力和竞争力为重点,包括"决策与计划会计"与"执行会计",课程蕴含着丰富的思想政治教育资源,对培养大学生职业、道德素养,强化社会责任,激发爱国情怀等诸方面都有重要作用。

思政目标1:基于中国话语和企业实践情境理解管理会计基本概念和理论,了解财政部发布《关于全面推进管理会计体系建设的指导意见》等相关管理会计建设系列文件,树立和培养大学生正确职业道德价值观,培养大学生中国制度理论自信和爱国情怀。

思政目标2:理解和掌握管理会计基本方法如成本分类与各类成本计算方法,理解不同目标、不同成本概念及方法应用范围,加强企业产品成本核算工作,保证产品成本核算真实、完整,贯彻"三去一降一补"等国家政策在管理会计实务中的运用,促进企业和经济社会的绿色、可持续发展,培养学生的绿色成本管理和发展观。

思政目标3:熟练掌握本量利模型和短期、长期决策方法,理解利润、成本、业务量的关系、相关决策概念及其分析方法,导入生态文明观及马克思主义唯物辩证法,完善企业科学决策,提高企业运营效率,树立和培养大学生正确义利观和矛盾统一决策观。

思政目标4:理解和掌握全面预算管理和风险管理的概念、理论及方法,导入和贯彻国家新预算法政策、马克思主义哲学理念及传统战略管理思想,落实企业战略规划、优化资源配置,强化风险管控,提高企业预算编制的科学性,促进企业战略规划实施和实现,培养大学生法治意识、综合运筹能力和整体观。

思政目标5:理解和掌握责任会计及业绩评价相关概念、理论及方法,导入价值共创、共同富裕理念和社会主义核心价值观,明确责任中心的责任和权力界限,通过客观绩效评价,提供合理激励依据,增强企业价值创造能力,提高社会经济环境效益,增强大学生公共责任和担当意识,引导和培养大学生正确的绩效管理观念。

(二)课程思政融入方式

本课程将基于中国背景和中国企业实践基础,立足中国话语语境和中国特色政策制度,遵循管理会计学科性质和发展规律,深挖思政元素与管理会计专业知识契合点。为了激发学生学习兴趣和情感认同,主要采取案例教学法,案例选择来自热点事件和中国优秀企业,通过提问、阐释、分析、扩展、升华等教学方法,将课程思政自然融入课程知识点的教学中,使学生深入到企业实际情境中,内心受到直接触动,引导学生主动分析问题,启动和反思以往知识,启发整合现有知识,促进学生团体交流、合作,最终提供问题解决方案。课前熟读相关专业文献和案例资料,课中主动参与思考、交流和互动,课后进行知识和情感总结和深化,实施"课前、课中、课后全贯通,专项+综合"相结合教学模式。

三、教学案例展示

责任会计的前世与今生:中国企业变革视角

本案例将基于中国企业发展变革动态视角,理解和掌握责任会计的内涵、理论及方法,主要是了解责任会计的产生,认识到社会存在决定社会意识;掌握责任中心的划分与业绩考核,认识到中国企业是实践的践行者和创新者;理解责任会计的发展,认识到理论来源于实践,并随实践而发展,变革是社会发展的主要动力。本案例为综合性、应用性案例,体现中国理论的中国特色、风格和气派,讲授时间为1次课即3学时。

(一) 教学目标

1. 情感态度与价值观目标

(1) 通过介绍邯钢经验,了解管理会计虽然是西方舶来品,但责任会计在我国有深厚的实践基础和实践经验,培养大学生的理论自信和爱国情怀;

(2) 由邯钢经验到海尔人单合一模式,责任会计是顺应时代需求在不断改进的,让学生认识到我国优秀企业的伟大创新创举,培养大学生的实干精神和社会存在决定社会意识论。

2. 知识与技能目标

(1) 理解责任会计的内涵、原则和内容。
(2) 理解和掌握责任中心的概念、类型。
(3) 掌握计算和分析不同责任中心的考核指标和业绩报告编制及企业实践应用。

3. 过程与方法目标

(1) 通过课前和课后文献资料阅读及案例报告的撰写,培养学生自我管理和探究能力。
(2) 通过中国企业变革视角理解责任会计的动态发展变化,培养学生批判和创新思维能力。
(3) 通过案例企业业绩评价指标设置与应用,启发学生高阶思维,获取企业实践者隐性知识,培养学生的人际沟通和团队合作能力。

(二) 教学重难点

教学重点:理解责任会计的内容与原则;理解责任中心的含义及其考核指标。
教学难点:
(1) 理解企业组织结构模式与责任会计间关系。
(2) 理解"邯钢经验"与海尔的责任会计的联系与区别。

(三) 教学方法、教学资源

教法:读书指导法、案例教学法、启发讨论式法。
学法:自主学习法、探究学习法、合作学习法。
教学资源:
(1) 刘俊勇.管理会计[M].北京:高等教育出版社,2020.
(2) 胡玉明.会计学[M].3版.北京:中国人民大学出版社,2020.

(3) 冯巧根.高级管理会计理论与实践[M].北京:清华大学出版社,2019.
(4) 韩季瀛,杨继良.论邯钢成本管理经验[J].会计研究,1998(8):38-42.
(5) 秦中艮,武献杰.邯钢经验二十年[J].财务与会计(理财版),2010(10):12-15.
(6) 汤谷良,穆林娟,彭家钧.SBU:战略执行与管理控制系统在中国的实践与创新——基于海尔集团 SBU 制度的描述性案例研究[J].会计研究,2010(5):47-53.

(四) 教学过程

教学环节一:开篇案例导入

课前观看"邯钢经验:改革创新永不停步"视频,形成感性认识。

扫描 PDF 二维码,学生通过手机快速阅读以下资料:《回望班组成长:三个历史阶段拾阶而上》《中国责任会计的理论与特点》。

提出思考题:邯郸经验是不是就是责任会计的实践应用?

任课教师展示和总结,责任会计虽然是舶来品,始于学界对其的介绍与引入。但是,在没有引入"责任会计"这一概念之前,中国企业界不缺乏责任会计实践的成功案例。"班组核算与班组管理"诞生于中国 20 世纪 50 年代,那时就产生了"责任会计"的雏形,形成责任会计的基本概念与基本理念,并延续至今。

思政元素融入设计: 学生深刻体会中国理论有自己生长的土壤,有中国的风格和特色,培养学生中国理论和实践自信。

教学环节二:责任会计的产生原由、内涵与内容(知识点一)

(1) 责任会计产生背景及缘由。责任会计是一种内部控制制度,与企业组织结构密切相关,重点理解集权与分权管理模式,理解责任会计是分权管理模式下的产物。

(2) 责任会计的含义与内容。提出思考题:① 责任会计产生的背景是什么? ② 依据企业管理集权状况,应该如何去设计具体责任会计内容和方式?

让学生认识具体问题分析应回到历史情境中去,管理理论都是一般实践经验的一般规律挖掘。

思政元素融入设计:

(1) 时代是思想之母,实践是理论之源。实践是检验真理的唯一标准和中国特色社会主义市场经济文化特色:理论来源于实践,理论指导实践。

(2) 社会存在与社会意识问题:社会存在与社会意识的辩证关系,理解社会存在对社会意识的决定作用和社会意识对社会存在的反作用,以及在实践中的复杂性。责任会计这种社会意识的产生是由历史发展的社会存在决定的,后期出现责任会计的改良,是由社会意识推动社会存在发展的。

教学环节三:责任中心的划分(知识点二)

为责任会计知识点核心部分,按照以往专业课讲授方式。责任会计由责任中心认定、责任中心业绩评价等方面构成,其中,责任中心认定是基础,业绩评价是核心。

(1) 责任中心:成本中心;收入中心;利润中心;投资中心。

（2）责任中心控制与业绩评价，其中利润中心和投资中心业绩评价中涉及内部转移价格问题。

通过 PPT 和黑板板书，把责任会计关键概念和思路整理出来，有利于后续案例企业的实操理解。此外，通过雨课堂 App 软件，进行选择题和应用题练习，加强知识点的掌握和理解。

教学环节四：责任会计实施流程简介（知识点三）

扫描 PPT 二维码，学生通过手机快速阅读以下资料：《论邯钢成本管理经验》《"成本策划"法在我国的产生——邯郸钢铁总厂经验的理论分析》《邯钢经验二十年》。通过"邯钢经验"分解介绍，运用上述责任会计核心知识，完成责任会计实施流程设计，完成理论知识向实践运用的转化。

首先，通过"邯钢经验"介绍，具体理解责任会计、责任中心划分、各中心业绩考核。

其次，通过阅读材料进行讨论，整理"邯钢经验"的创新特点。

任课教师与学生互动探讨总结，"邯钢经验"创新点：一是"模拟市场核算，实施成本否决"，建立了企业总厂、各分厂、车间、班组、个人等系列化的内部责任组织与责任，明确各责任中心的"责任目标"，高度浓缩中国特色管理经验"千斤重担众人挑，人人身上有指标"；二是成本导向的责任业绩考核体系，构建了"横向到边、纵向到底""不留死角"的责任和指标考核体系，实施了"全员、全方位、全过程"精细化目标管理和过程控制；三是基于业绩的个人激励，除了物质激励外，还有文化精神激励。

通过"邯钢经验"以及后续企业如东方电机的责任会计实施过程，了解责任会计的具体运用。并提出思考题："邯钢经验"和东方机电企业的责任会计实施创新点是什么？实施责任会计，应具体注重哪些方面设计或关注点是什么？

思政元素融入设计：

（1）中国企业是理论的"践行者"和"创新者"，中华民族是伟大的民族，倡议学习中华民族伟大的民族精神、先辈们的创新精神。

（2）中国企业将管理会计在中国的实践推向一个新的高度。从会计改革及创新的历史回顾中，始于钢铁企业的班组核算制是 20 世纪 50 年代管理会计创新的重要创举，90 年代风行全国的"邯钢经验"则将责任会计、目标成本管理等融为一体，将管理会计在中国企业的伟大实践推向一个新的高度。"邯钢经验"给中国企业管理创新留下了非常宝贵的精神遗产和创新精神。

教学环节五：组织变革和责任会计发展（知识点三延伸拓展）

观看剪辑时评"海尔周云杰：人单合一模式全球普适，管理模式第三次革命"视频，大体了解"人单合一"模式；

扫描二维码，学生通过手机阅读资料：《海尔"人单合一"双赢管理模式激发原创性管理行为》《张瑞敏：踏准时代的节拍不断前行》《走向世界管理舞台的中心》《推进互联网时代企业制度创新》《SBU：战略执行与管理控制系统在中国的实践与创新——基于海尔集团 SBU 制度的描述性案例研究》《基于海尔"人单合一"模式的用户乘数与价值管理研究》。

任课教师启发学生思考,根据已有知识和自身经验,思考在当今新经济时代,企业社会经济环境发生翻天覆地变化,责任会计在中国有哪些变化和创新。

引导学生思考,对比"邯钢经验",海尔的"人单合一"模式有哪些变化和联系。学生通过小组讨论和合作,分别阐述各组观点;任课教师总结各组观点,形成总体观点,变革是企业向前发展的原动力,在新经济环境下,海尔作为引领企业管理变革的倡导者,海尔的"人单合一"模式创造性地对"责任会计"及"邯钢经验"进行改造,形成了新版的"责任会计"。

海尔集团SBU制度主要创新点包括以下要点:第一,根据企业目标划分为独立的SUB责任中心,并授予相应权力,在此基础上编制责任预算、确定责任目标,经营利润与收入挂钩,像经营一个公司一样,人单合一,突破了"螺丝钉"的传统理念,达到从管理人到经营人的转变;第二,正确评价和考核实际业绩,做到公平合理;第三,合理制定内部转移价格,有利于调动各责任中心的积极性和主动性,海尔"人单合一"模式的用户乘数与价值管理不仅有利于责任会计的开展,还有利于业绩考核。

通过"邯钢经验"和海尔的"人单合一"模式的对比分析,可知在不同的时代和企业的不同发展阶段,企业为了提高生产效率和效益,需要及时进行内外部模式创新,实现价值创造及增值管理。另外,中国本土企业不是全盘借鉴国外理论和经验,而是结合本土管理实践有效地提高组织创造价值及增值能力,成为企业的关键能力与致胜因素。

海尔"人单合一"模式的形成,一方面颠覆了经典管理理论;另一方面创造了新的管理理论,鼓励学生查阅更多文献资料,提出思考题:① 海尔SUB战略与责任会计的内部管理思想有哪些结合点? ② 海尔的SUB战略或者"人单合一"模式,对你有何种借鉴和启示?

思政元素融入设计:

(1)变革或改革在社会发展中的作用。通过案例的教学,让学生理解改革或变革是社会发展的重要动力,不可能一劳永逸,先进和落后是可以互相转化的,必须根据变化的情况适时进行变革。

(2)再次证明实践是理论之源。海尔根据互联网新经济环境,提出海尔SUB战略制度和"人单合一"模式,而且这种理论是中国特色情境下产生的,这种管理思想具有先进性;中国管理学已引领管理领域的变革,中国企业和企业管理已受到全世界的重视,让学生感受到中国企业的骄傲和自豪。

(五) 教学反思

本教案以中国两个企业案例进行辅助讲解,了解和理解责任会计的前世与今生:一是有利于专业知识的掌握和理解;二是培养学生解决问题的能力;三是认识到思想政治理论能够指导专业知识的学习和理解。管理会计具有权变情境和综合复杂属性,与其他课程内容交叉较多,应用性也较强,任课教师要准确理解和区分专业育人和课程育人的目标,要从课程育人目标出发,将正确的价值观、方法论寓于知识传授和能力培养中。为了实现课程育人和专业育人双目标,选取案例要体现中国特色和风格,灵活运用马克思主义哲学思维，有机地把习近平新时代中国特色社会主义思想融入专业知识中。另外，要引导学生关心国家大事和中国企业变革趋势，关注国家急需和现实问题。后期需要进一步打磨，构建专业课与思政教育相融合的逻辑框架。

四、课件

Chapter1: 开卷有益
Why: 责任会计的产生

经济社会环境的变更，产生了分权管理的需求，并推动了责任会计的产生与发展，并使其理念与方法越来越多地得到人们的认可、重视与应用，得以不断完善和发展。

虽然我国于20世纪80年代才将"责任会计"这一概念引入中国，但其实早期我国已出现"责任会计"的雏形，且实施非常成功，要学会探知中国管理经验的先知。

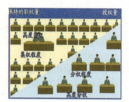

责任会计的产生与企业财务管理模式紧密相关，通过背景知识学习，请归纳总结回答以下两个问题：

（1）责任会计产生的背景是什么？

（2）企业管理集权状况，应该如何去设计具体责任会计内容和方式？

认识具体问题分析应回到历史情境中去，管理理论都是一般实践经验的一般规律挖掘。

历史唯物主义

Chapter2: 探寻真知
What 1: 什么是责任会计

责任会计：一种控制手段

涉及四个要素：

  分配责任；

  设计业绩指标；

  制订业绩标准，评价业绩；

  评价业绩和进行奖励。

  责任中心不同，其责任、业绩指标和评价方式不同。

主要原则：责任主体原则；目标一致原则；可控与反馈原则；激励原则。

Chapter2: 探寻真知
What 2: 责任中心设置、考核

责任中心：权力、责任、利益相统一的企业内部单位或管理层级。

主要类型：

　　成本中心：只产生成本费用，不产生收入或利润，更无权进行投资，往往不具备独立的法人资格。常见考核指标为责任成本差异额和责任成本差异率。

　　利润中心：产生成本和利润，分为自然和人为利润中心。常见考核指标为贡献边际总额、营业利润。

　　投资中心：对成本、收入、利润负责，又对投入资金或占用资产的使用效果负责。常见考核指标为投资利润率、剩余收益、经济增加值。

Chapter2: 探寻真知
What 3: 责任中心设置、考核及报告

　　责任报告：揭示责任预算与预算实际执行结果之间差异的内部会计报告，对责任中心进行业绩考核与评价的依据和基础。

　　责任报告形式：因责任中心的业务内容、业务性质、报告对象和使用情况的不同而不同。常见的责任报告形式有：书面报告、口头说明等。

　　责任报告内容：管理层级不同，报告内容侧重点和详略程度不同。一般要求将责任预算的执行差异及其原因和影响因素通过责任报告予以呈现时，需要遵循"**例外管理原则**"对导致差异产生的关键因素进行分析。

Chapter2: 探寻真知
What 4: 内部转移价格及定价方式

　　内部转移价格：企业内部责任单位或部门因相互提供产品或劳务而进行内部交易结算或内部责任结转的计价标准。

　　内部转移价格制定方法：

　　基于市场的定价：

　　基于成本的定价：

　　协商定价：

　　双重定价：

Chapter3: 躬行实践
How 实施责任会计
传承中国企业先进智慧

"邯钢经验"成功实施责任会计的伟大创新方式："模拟市场核算，实施成本否决"。

（1）"邯钢经验"确立企业总厂、各分厂、车间、班组、个人等系列化的内部责任组织与责任。其中分厂被设定为"内部利润中心"，而车间、班组甚至个人，都划定为"成本中心"。

（2）明确各责任中心的"责任目标"，其中重点中国特色管理经验"千斤重担众人挑，人人身上有指标"。

（3）成本导向的责任业绩考核体系，构建了"日核算、旬分析、月总结""横向到边、纵向到底""不留死角"的责任和指标考核体系，体现了责任会计的"全员、全方位、全过程"精细化目标管理和过程控制。

（4）基于业绩的个人激励，除了物质激励外，还有文化精神激励。

"邯钢经验"产生于50年代初期，但当今仍有许多企业在学习和改进这种管理模式和经验，查找如东方机电等不通行业的实施方式与"邯钢经验"进行对比分析。

通过"邯钢经验"以及后续企业如东方电机的责任会计实施过程，了解责任会计的具体运用。思考以下问题：

（1）"邯钢经验"和东方机电企业的责任会计实施创新点是什么？

（2）实施责任会计，应具体注重哪些方面设计或关注点是什么？

伟大创新精神在传承中进步！

Chapter4: 吐故纳新
Revolution 责任会计的今生

企业管理是组织的管理，任何管理理论、工具、方法都镶嵌于组织环境变革中……
海尔及张瑞敏已成为中国企业及中国管理理论的代表！

在不同的时代和企业的不同发展阶段，企业管理主要追求提高生产效率、加快信息传递和反应速度，以及更活跃的内外部模式创新等方面，进行价值创造及增值管理。对于中国本土企业而言，能否在借鉴西方管理体系的基础上，结合本土管理实践有效地提高组织创造价值及增值能力，将成为企业的关键能力与致胜因素。

实践环境变化引发理论知识的更新与创造。

创新意识

海尔及张瑞敏已成为中国企业及中国管理理论的代表！

1984年至今，张瑞敏引领海尔走过38年的发展历程。从最初的班组质量管理，"激活休克鱼"到"人单合一"的商业模式创新和"三生体系"开放企业边界，张瑞敏在不同的发展阶段均围绕"企业组织变革"这一核心挑战提出了独特的管理创新举措和有效的落地方案。张瑞敏擅长在具体的管理举措中，通过商业模式转型和管理工具创新来帮助不同的新管理理念落地，这也使得海尔能在发展过程中较快地适应不断出现的新的竞争形势。

海尔创造性对"责任会计"及"邯钢经验"进行改造，形成了新版的"责任会计"："人单合一"模式。

中国特色

变革是企业向前发展的原动力。

海尔集团SBU 制度及"人单合一"模式要点：

（1）根据企业目标划分责任中心，并授予相应权力。海尔SBU战略划为一个独立的SUB并组建一个项目组，人单合一，突破了螺丝钉的传统理念，达到从管理人到经营人的转变。

（2）编制责任预算、确定责任目标，经营利润与收入挂钩，像经营一个公司一样，海尔根据每个责任中心编制具体责任预算。

（3）正确评价和考核实际业绩，做到公平合理。

（4）合理制定内部转移价格，有利于调动各责任中心的积极性和主动性。

尤其是海尔"人单合一"模式的用户乘数与价值管理有利于责任会计的开展与业绩考核。

改革创新精神

思考/拓展

课后思考：

海尔"人单合一"模式的形成，一方面颠覆了经典管理理论；另一方面创造了新的管理理论，通过文献资料，思考以下问题：

（1）海尔SUB战略与责任会计的内部管理思想有哪些结合点。

（2）海尔的SUB战略或者"人单合一"模式,对你会有何种借鉴和启示？

时代巨变间隔越来越短，做时代思想巨人

"宪法学"课程思政教学设计案例

一、课程简介

1. 课程性质

宪法学是全国高等院校法学类专业的主干课程,共计34学时,2学分,面向法学类专业本科一年级学生开设。宪法是国家的根本大法,是一国法律体系和法律制度赖以建立的依据,因此宪法学在整个法学体系中具有举足轻重的地位。学好宪法学是学习其他部门法学的前提和基础。

2. 课程内容

本课程选用由宪法学编写组编写的马克思主义理论研究和建设工程重点教材。教学内容包括"导论""宪法总论""宪法的历史发展""宪法的指导思想和基本原则""国家性质和国家形式""国家基本制度""公民的基本权利和义务""国家机构""'一国两制'与特别行政区制度""宪法实施和监督"等。

3. 授课教师

王欣,副教授,主要承担法学类专业的宪法学、行政法与行政诉讼法等课程的教学任务。曾获2017年安徽省普通高校青年教师教学竞赛二等奖(人文社科组)。主讲课程宪法学为安徽省精品课程和安徽省省级示范课程。

二、课程思政资源分析

(一)课程思政建设目标

本课程旨在让学生了解和掌握宪法的基本理论、国家的基本制度和国策等相关知识,深刻认识宪法实施的基本要求和重大意义,充分认识到宪法在推进和保障社会主义法治建设过程中的根本作用;同时帮助学生养成宪法思维的习惯,自觉维护社会秩序,树立宪法信仰，维护宪法权威，维护自己的人权，正确、充分行使各项宪法权利，同时也能够充分尊重他人的权利。

思政目标1：立德树人、德法兼修是本课程思政建设的总体目标。高校的基本职能是人才培养，培养的人才应当首先具有正确的方向。因此，立德是法学专业人才培养的首要任务。破除传统观念所认为的德育教育仅限于思政课堂和学生工作的窠臼，将专业课程也纳入到德育教育的阵地中，明确该门课程的培养目标，明确培养学生哪个方面的品德和素养，做好课程内容、教学设计、课程考核等方面的相关支撑。法学专业课不是只讲法律条文本身，更应当让学生树立正确的人生观、价值观。

思政目标2："尊崇宪法学习宪法遵守宪法维护宪法运用宪法"是本课程思政建设的精准目标。宪法是国家的根本法，是治国安邦的总章程，是全面依法治国的总依据。我国宪法是符合国情、符合实际、符合时代发展要求的好宪法，是充分体现人民共同意志、充分保障人民民主权利、充分维护人民根本利益的好宪法，是推动国家发展进步、保证人民创造幸福生活、保障中华民族实现伟大复兴的好宪法，是我们国家和人民经受住各种困难和风险考验、始终沿着中国特色社会主义道路前进的根本法治保障。通过该课程学习，帮助学生养成宪法思维、树立宪法信仰、维护宪法权威，以习近平法治思想为指引，坚定不移走中国特色社会主义法治道路。

思政目标3：知识与理念的掌握是本课程思政建设的微观目标。通过对该门课程的学习，让学生了解和掌握宪法的基本理论、国家基本制度和基本国策等方面的知识，深刻认识宪法实施的基本要求和重要意义，充分理解国家权力和公民权利之间的关系，充分认识宪法在推进和保障中国民主政治建设和法治建设过程中的根本作用，让学生养成宪法思维的习惯，自觉维护社会秩序，正确、充分行使各项宪法权利，充分尊重他人人权。同时，也为学生学习其他法学课程打下基础。

（二）课程思政融入方式

（1）找准"思政内容"与专业知识的契合点，通过系统性的课程设计，以无缝对接和有机互融的方式，建立生成性的内在契合关系，做到"基因式"融合。对于宪法学这门课程而言，可以基于本课程思政元素的挖掘，遵循"思政""专业"相长的原则，仔细绘制"课程思政元素地图"，明确课程中每个思政元素的切入点，厘清思政元素与专业内容之间的关联，梳理各思政元素之间的关系，做到心中有数、有迹可循。课程思政元素地图也可以在课程群和专业层面运用，更高层面的课程思政元素图，有利于各门课程在思政方面协作和配合，形成网络，提升融合高度，实现更好的育人效果。

（2）思政融入立足学科的特殊视野、理论和方法，采取化整为零、"重点"突出的策略，在"深"字上下功夫，做到深度融合。比如，社会主义核心价值观包括富强、民主、文明、和谐、自由、平等、公正、法治、爱国、敬业、诚信、友善共十二个倡导，各理念相互贯通、相互促进，是具有内在联系的集合体。但是，由于时间以及课程内容的限制，很难将"十二个倡导"一次性融入教学。强行一次性接入课堂的育人效果必然会大打折扣、甚至适得其反。所以，有效的办法是：化整为零、分散推进、突出重点、深入分析。

（3）融入思政元素时以学生关注的、鲜活的现实问题为切入点，以课堂为出发点，因势利导，鼓励学生个人或团队做延伸性学习或研究。在教学过程中以典型案例为切入点进而带入社会主义核心价值观时,案例的选择非常重要,需要与最新的时事热点问题保持紧密联系,不断更新切入的案例。问题是时代的声音,抓住问题才能抓住学生的心。只要结合专业,引导学生思考和探究国计民生中的热点问题,就能做到"思政"与"专业"相长,达到事半功倍的育人效果。在为学生答疑解惑的过程中,引导学生自觉树立正确的价值观,并自觉践行社会主义法治观念。

三、教学案例展示

平 等 权

教学展示内容选自马工程教材《宪法学》(第2版)第六章第二节。该节内容包含平等权、政治权利、宗教信仰自由、人身自由、社会经济权利、文化教育权利、监督权与请求权共七目内容。本教学案例主要讲授第一目平等权,讲授时间为1学时。

(一)教学目标

1. 情感态度与价值观目标

(1)通过课件演示、学生讨论、师生交流等形式,激发学生对平等权的特定内涵、两种平等原理之间的比较和异同等的兴趣,培养学生自主学习意识和研究探索的能力。

(2)通过对平等权一般原理的学习,破除学生对传统"平等"观念的误解,理清两种平等原理各自的适用范围,引导学生在日常生活中积极践行社会主义核心价值观。

2. 知识与技能目标

(1)掌握宪法所称平等权的法律结构以及平等的特定内涵。
(2)掌握形式上的平等与实质上的平等两种平等原理,并区别其异同。

3. 过程与方法目标

(1)以教学案例为切入点,以热点问题为导引,通过挖掘和对比,运用问题链层层深入,引导学生分析思考教学内容,深刻理解教学重点与难点。

(2)运用自主学习和自主探索、小组讨论与合作学习以及课后探究等方式,培养学生观察、归纳等能力,提升学生的综合素质。

(二)教学重难点

教学重点:规范意义上的平等的特定内涵;形式上的平等与实质上的平等两者的含义及适用范围。

教学难点:平等与合理差别的关系;合理差别的判断依据及类型化归纳。

(三) 教学方法、教学资源

教法:讲授法、问答法、案例分析法。
学法:自主学习法、小组讨论法。
教学资源:
(1) 本书编写组.宪法学[M].2版.北京:高等教育出版社,2020.
(2)《中华人民共和国宪法》(2018年最新修正版).
(3) 林来梵.宪法学讲义[M].3版.北京:清华大学出版社,2018.
(4) 中国大学MOOC平台资源"宪法学"(西南政法大学梁洪霞主讲).
(5) 超星学习通平台"宪法学"(安庆师范大学王欣主讲).

(四) 教学过程

教学环节一:结合典型案例,导入主题

教学内容:介绍平等权的典型案例(案例随时事更新),导入关于歧视与平等权的话题,引出社会主义核心价值观中的"平等"内容。

设计意图:通过与学生自身密切相关的案例导入,结合社会主义核心价值观"平等"的内容,让学生能够带着疑问,以积极的心态探索新知识。

预设效果:想象自己毕业后进入社会即将面临的一些情形,带着对案例中关于平等权的疑问展开学习。

教学方法与手段:案例导入(案例分析法)、引导式(设问解答)。

思想元素融入设计:抛出问题,点明重要性。以时事热点问题或案例为切入点,抛出关于"平等是什么"的思考,并指出在当前阶段,国家大力弘扬社会主义核心价值观,倡导每一位公民自觉遵守与弘扬,其中关于平等的表述为"所有的人生来都是平等的";平等,不是指物质上的"相等"或"平均",在提出问题的同时,更是点明其重要意义。

教学环节二:平等权的特定内涵

教学内容:结合我国《宪法》文本中对平等权的规定,界定平等原理,并分析我国宪法上的平等权的法律关系结构。

设计意图:因为学生平时受到传统均权思想和公平正义等话题的引导,对平等权的认识很容易存在误区。通过这部分学习,学生可以系统掌握相关知识点,纠正错误认识,考虑到关乎自身利益,因而会理解得更为充分和深刻。

预设效果:通过学习,让学生掌握我国宪法中关于平等权的规定是以《宪法》第三十三条第二款作为一般性规定,同时辅以六条相关规定。通过与民法上的平等的比较,分析宪法上平等权的法律关系结构。理解宪法上的平等,主要涉及的是国家与个人之间的关系问题,指的是国家应平等地保护和对待不同公民。

教学方法与手段:比较分析法(与民法中"平等"比较)、讲授法。

思政元素融入设计:结合社会主义核心价值观中"平等"的内容,学习宪法上平等权的特定内涵。在宪法学中,平等指的是公民在法律面前一律平等。在社会主义核心价值观中所称"平等",其表述为:任何人之间的平等,不是指物质上的"相等"或"平均",而是在精神上互相理解,互相尊重,把对方当成和自己一样的人来看待。两者内涵相同,相辅相成,在讲授宪法学中平等的内涵的同时,帮助学生更好地树立正确的价值观。

教学环节三:两种平等原理——形式上的平等与实质上的平等

教学内容:结合不同人的特点,分别介绍形式上的平等与实质上的平等这两种"平等"原理的内涵、观念起源和发展。

设计意图:通过两种平等原理的讲授,让学生掌握两种平等原理的内容,纠正学生以往对平等的认识误区。

预设效果:通过学习,让学生掌握形式上的平等原理源于近代,每个人作为抽象的人是平等的,又称"机会平等";实质上的平等源于现代,根据不同主体的属性给予不同条件的保护,又称"条件平等"。

教学方法与手段:逻辑推理法、比较分析法、讲授法。

思政元素融入设计:厘清平等权的两种分类,能够更好地帮助学生理解现实生活中出现的一些难以理解的所谓不平等现象,摆正自己的心态,摆脱不良情绪,树立正确的秩序观念,自觉维护法治权威。平等指的是公民在法律面前一律平等,其价值取向是不断实现实质平等,它要求尊重和保障人权,人人依法享有平等参与、平等发展的权利。

教学环节四:两种平等原理的比较——关系与适用差别

教学内容:以赛跑为例,更进一步比较两种平等原理的差别和适用范围。

设计意图:通过举例,让学生更加生动地理解两种平等原理之间在适用上的区别,理解日常生活中诸多现象的法律深意,引导学生在生活中不断践行社会主义核心价值观。

预设效果:通过学习,让学生掌握两种平等原理的关系是相互补充和修正的关系,并且两者分别适用于不同现实生活领域中。

教学方法与手段:举例法、比较分析法。

思政元素融入设计:结合对两种平等的比较,明确两者各自在生活实践中的不同运用,分析日常生活中大量的实例,倡导学生遵纪守法、自觉维护宪法秩序,以习近平法治思想为指引,坚定不移走中国特色社会主义法治道路!

(五)教学反思

从课程思政建设角度来谈,对于宪法学这门课,不可能把所有的思政元素都融入这一门课程或者这一节内容当中来,因此,在思政元素的挖掘与融入上,可以采用多门课程相互配合、系统推进的方式。这就需要加强顶层设计,做到专业内部的课程之间相互配合、协同作战、系统挖掘。以法学专业来看,首先确定专业层面的总体培养目标和融入要求,然后将目标和要求分解到课程群,最后再细分到每一门课程,由任课教师将思政元素有所区分地融入不同的章节,做到地图式的融入。这样可以使专业内不同课程的教师相互启发,同时又避免重复。

四、课件

平 等 权

1. 如何理解平等权
2. 两种平等原理
3. 两种平等原理的比较

导入案例 →

2011年，国内某网络论坛热帖《国内最雷的高校招聘——**学院招聘教师竟然笔试前先过身高关》，发帖者名为"jing"。

"jing"按照**学院人事处网站上公布的《**学院2011年公开招聘硕士毕业生考试通知》要求，于3月8日前往考场确认信息。现场"时不时有老师把应聘的部分硕士生叫到一边测量身高，男生矮于170cm、女生矮于160cm的，禁止参加笔试。""jing"因为身高不到170cm而失去了考试资格。

尊崇宪法

---

1. 如何理解平等权

我国现行《宪法》第三十三条第二款："中华人民共和国公民在法律面前一律平等。"

平等权原理是说：现实中的人具有先天性的差别，但任何人都具有人格的尊严，为此在自由人格的形成和发展上享有平等的权利。

学习宪法

平等权的法律关系结构

- **民法上的平等**和宪法上的平等是不同的。民法所说的平等是指私人之间的平等，即主体之间的平等；
- **宪法上的平等**主要涉及个人和国家之间的关系，要求国家平等地对待不同的公民。

2. 两种平等原理

 形式上的平等原理

 实质上的平等原理

形式上的平等

形式上的平等原理，又被称为"机会平等"或"机会均等"，指的是每个人**作为抽象的人**是平等的，为此，不管如何，都应该获得平等的机会。

遵守宪法

形式上的平等

我国《宪法》第三十四条："中华人民共和国年满十八周岁的公民，不分民族、种族、性别、职业、家庭出身、宗教信仰、教育程度、财产状况、居住期限，都有选举权和被选举权……"

实质上的平等

实质上的平等原理，又称为"条件平等"，指的是根据不同主体不同的属性，分别采取不同的方式，对各个主体的人格发展所必需的前提条件进行实质意义上的平等保护。

维护宪法

3. 两种平等原理的比较

- 实质上的平等原理只是一种对形式上的平等原理进行修正和补充的原理，而不存在替代关系。
- 二者共同在现代宪法下进行，只不过运用在不同的领域里。

运用宪法

形式上的平等	实质上的平等
人身自由、精神自由、人格尊严和政治权利等宪法权利的保障	在权利主体方面，男女平等、种族平等和民族平等的实现
	在权利内容方面，经济自由和社会权的保障领域

平等指的是公民在法律面前的一律平等，其价值取向是不断实现实质平等。它要注重尊重和保障人权，人人依法享有平等参与、平等发展的权利

我学我践行

社会主义核心价值观

德法兼修

思考/拓展

案例分析
人事招聘中的身高歧视

"普通心理学"课程思政教学设计案例

一、课程简介

1. 课程性质

普通心理学是应用心理学专业的学科基础课程,面向大一学生开设,共计 62 学时,4.5 学分,开课时间为第一、第二学期。

2. 课程内容

课程使用彭聃龄主编的《普通心理学》作为教材。理论教学内容共 12 章,包括"绪论""心理的神经生理机制""感觉""知觉""意识和注意""记忆""思维""语言""动机""情绪""能力""人格"章节,力求使学生初步了解心理的实质以及心理学研究的基本原则和方法,系统地理解、掌握心理现象发生发展的本质和规律,有意识地建立起科学的心理学学科思维模式,为其他心理学分支课程的学习奠定基础。

3. 授课教师介绍

谢芳,安庆师范大学教师教育学院讲师,安徽省"教坛新秀",主讲普通心理学、团体心理辅导等课程,多次参加各类教学比赛,曾获安徽省心理健康教育微课比赛二等奖、安庆师范大学教师技能大赛一等奖和课程思政教学大赛二等奖等奖项。

二、课程思政资源分析

(一)课程思政建设目标

《高等学校课程思政建设指导纲要》中提出,全面推进课程思政建设是落实立德树人根本任务的战略举措。帮助学生塑造正确的世界观、人生观、价值观,这是人才培养的应有之义,更是必备内容。立足于这一要求,本课程将思政目标定位于引导学生树立科学的心理教育观,帮助他们形成积极乐观的心理品质,塑造独立、健康的人格。

本课程力求实现价值塑造与知识传授、能力培养的一体化推进,把专业教育与思想政治教育紧密融合。在指导学生系统掌握普通心理学基础理论、基本知识,培养学生初步具备发现、提出、分析和解决相关心理学问题能力的同时,帮助学生树立正确的辩证唯物主义心理观,保持积极心态,提高自身心理健康水平。通过挖掘学科理论知识中的思政元素,强化社会主义核心价值观,增强学生的爱国情怀,利用合理手段引导学生学会从积极心理学的视角思考问题、解决问题,培养豁达、向上的人生观,有效提升育人实效。

(二)课程思政资源挖掘

《普通心理学》教材中可融入的思政元素如下表所示。

《普通心理学》教材中可融入的思政元素

章节	思政元素
绪论	学术伦理/科学精神/严谨求实
心理的神经生理机制	科学精神/追求真理/克难攻坚
感觉	科学精神/突破陈规
知觉	爱国情怀/关注实践
意识和注意	积极探索/健康生活/创新思想
记忆	学会学习/脚踏实地/健康生活
思维	开拓创新/自主发展/刻苦钻研
语言	积极沟通/文化传承/终身学习
动机	家国情怀/自主发展/民族自豪/锐意进取
情绪	情感共鸣/价值引领/心理健康教育
能力	终身学习/责任担当//刻苦钻研/自我悦纳
人格	自我悦纳/健康生活/品德培养/人格塑造

(三)课程思政融入方式

(1)教学渗透。梳理提炼心理学专业知识和思政教育的结合点,将思政教育自然渗透到日常教学中。例如,在讲解"感知觉"的章节内容时,提前让同学们准备家乡风景图片或小视频并分享,在介绍完课程相关知识后,引导学生运用感知觉原理描绘祖国的壮丽山河,激发强烈的民族自豪感。在介绍"语言"一章时,适当延伸展示中华语言之美,让学生领略五千年华夏文化的魅力,弘扬民族文化,增强文化自信,发扬文化传承精神。

(2)案例教学。选取经典的心理学实验或典型案例融入思政元素,进行价值引导。例如,在讲解心理学发展历史时,以行为主义心理学家华生的小艾尔伯特实验为例,让同学们理解实验伦理道德的重要性,深刻领悟在科学研究中要加强道德管理,强化道德操守,坚持以人为本,充分考虑人文关怀、道德关怀,形成正确的价值取向。

(3)课堂讨论。选择与所授内容相关的热点话题,挖掘思政元素,引导学生积极研讨。例如,在讲授"动机与意志"内容时,选择引起巨大反响的热映电影《长津湖》中的"冰雕连"作为切入点,以如何培养自己的坚强意志力为主题,让同学们通过小组合作交流思想,展开讨论。教师也可以请同学们挖掘身边的优秀榜样,让这些同学分享他们是如何培养自身的良好意志品质的。结合热点话题和身边真实事迹,确保思政素材与时俱进,有助于增强学生学习的主动性和探索性,精准传递育人理念。

（4）模拟体验。在教学过程中,时刻要以学生为主体,形成和谐的师生互动、生生互动关系。例如,在讲授情绪调节知识时,以合理情绪疗法为例,教师可以设计剧本邀请同学们进行角色扮演,在表演过程中渗透自我教育的内容,引导学生进行体验式思考,使学生自发认识到人对外部事件产生的不良情绪,并非因为事件本身,而是因为自己的认知,帮助同学们培养正确认识问题、解决问题的能力,树立积极阳光的心态和合理信念。

（5）课后拓展。课后布置与课程相关的拓展作业,如阅读高质量文献,观看优秀的影视作品,参观红色基地等。如在课后作业中让学生思考所学专业和国家发展之间的关系,在增强专业认同和自我价值的同时,激发学生的使命感和责任感。充分利用好本土的红色文化,挖掘育人资源。如革命历史题材剧《觉醒年代》在放映后引起了广泛共鸣,授课教师可以带领学生前往邓稼先纪念馆和陈独秀纪念馆等本地红色教育基地参观学习,让学生亲身感受革命先辈们的精神,从中汲取红色养分,鼓励新时代青年勇于追求自我,将个人理想与社会理想融为一体,实现自我的价值。

三、教学案例展示

需　　要

教学展示内容选自北京师范大学出版社出版的《普通心理学》（第 5 版）第九章第一节。该节内容有:动机的涵义及其功能、动机与需要、动机与行为效率、动机与价值观和意志。本案例主要讲授第二目,授课时间为 1 学时。

（一）教学目标

1. 情感目标

（1）感知老科学家爱国、创新、奉献的科学家精神,坚定文化自信和民族认同,培养积极向上的心理品质。

（2）培养学生的科学治学精神,增强学生的爱国情怀和责任担当意识,引导学生把社会的需要、国家的需要,逐步转化为个人需要。

2. 知识目标

（1）掌握需要的概念、种类以及需要层次理论的主要观点。

（2）明确需要层次理论的贡献和局限性,了解需要的最新进展及相关研究成果。

3. 能力目标

(1) 培养学生用心理学知识分析问题的能力和探究心理现象本质的批判性思维能力。

(2) 培养学生自主学习和合作学习能力。

(二) 教学重难点

教学重点:需要层次理论的主要观点。
教学难点:需要层次理论的贡献与局限性。

(三) 教学方法、教学资源

教法:情境教学法、案例教学法、讲授法。
学法:体验式学习、思考讨论、合作探究。
教学资源:
(1) 教材:
彭聃龄.普通心理学[M].5版.北京:北京师范大学出版社,2018.
(2) 主要参考书目:
① 叶奕乾,等.普通心理学[M].6版.上海:华东师范大学出版社,2021.
② 张厚粲,等.心理学导论[M].北京:北京师范大学出版社,2020.
(3) 线上教学资源:
① 央视纪录片《同心战"疫"》第四集"众志成城".
② 央视纪录片《国家记忆之两弹一星元勋邓稼先》.
③ 学习强国平台资料.

(四) 教学过程

从一定意义上讲,人的思想品德形成、发展过程也是一种心理活动。马斯洛以人为本的需要层次理论,从人的需要出发解释了人的思想和行为的源泉,它的科学合理成分对思想政治教育更好地引导人、塑造人、完善人、发展人具有一定的借鉴意义。

1. 导入:情境体验,引发思考

通过团体心理活动"需要大拍卖"展开师生互动,创设问题情境,引发学生思考。通过"在有限的生命里,我最想要什么"这一现实问题,引出本节课的主题"需要"。

2. 新授:结合热点,思想引导

通过具体事例解析需要的概念,以图片呈现引起学生思考,自发总结出需要的种类,如自然需要和社会文化需要等,总结强调需要的重要性。
思政元素融入设计:挖掘思政素材,引领正确的价值导向。
不同社会历史时期,不同民族,人们的社会文化需要也表现不同。结合社会热点,将党的十九大报告中提出的"新时代人民群众的需要已经从物质文化需要发展到美好生活需要"的变化与课程知识点相结合,展示我国脱贫攻坚战取得全面胜利的辉煌成绩。教师在讲授相关内容时能适时、有针对性地对学生进行思想引导,让同学们深刻感受到中国特色社会主义伟大实践所取得的举世瞩目成就,认识到只有民族复兴、国家富强,才能给人民带来幸福,帮助学生形成正确的价值导向。

3. 教师精讲,突出重点

需要层次理论的主要观点是本次课程的教学重点,教师要进行重点讲授。

马斯洛是著名的心理学家,他认为人类的一切行为都是由需要所引起的。马斯洛根据需要的发展水平,把需要划分为不同的层次,提出了著名的需要层次理论,从低级到高级依次为生理需要、安全需要、归属和爱的需要、自尊的需要和自我实现的需要。

在需要层次理论中,马斯洛认为这五种需要都是人类与生俱来的基本需要。需要的层次越低,它的力量越强。只有在低级需要基本得到满足后,高级需要才有可能出现。因而在个体发展过程中,高级的需要出现的比较晚,比如婴儿刚出生就有生理需要;几个月大出现了安全需要,看见生人就会认生;再后来出现了对母亲的依恋,即归属和爱的需要;当自我意识产生时就有了尊重的需要,但自我实现的需要在长大成人后才开始出现。

思政元素融入设计:结合个人真实经历以情动人,激发学生的爱国情怀。

通过学生自主讨论和授课教师的亲身体验为例,运用视频展示的方法回顾我国在全民抗击疫情过程中涌现出的那些鲜活面庞。他们有义无反顾地为人民建起一座白衣长城的医护工作者,有八方支援的各地医疗队员,有闻令而动、誓死不退的军医,有积极投身火神山医院的建设者,有扎根基层的社区、公安人员,还有作为志愿者踊跃投身抗疫事业的大学生。这些身处最平凡岗位上但也最可爱最伟大的人,让学生深切体会到在这一过程中,从个人小家的"小爱"到国家的"大爱",各行各业人员全情投入、舍身忘我的"自我实现"。不仅让同学们生动形象地掌握了课堂重难点知识,更进一步深刻感受到中国的大国担当和国家给人民带来的安全感,激发以爱国主义为核心的民族精神。

4. 案例分享,突破难点

如何正确评价马斯洛的需要层次理论,理解该理论的贡献与局限性是本节课的教学难点。

首先要肯定马斯洛系统探讨了需要的性质、结构、发生、发展以及在人生活中的作用,但同时也要看到马斯洛需要层次理论的局限性。马斯洛认为这五种需要都是人与生俱来的基本需要,需要的发展是一种自然成熟的过程,这严重低估了环境和教育的作用,模糊了自然需要与社会需要的差别。其次,马斯洛强调个人会优先满足低级需要、个人需要,忽视了高级需要对低级需要的调节作用。

在实际教学过程中,要避免一味说教,通过科学家邓稼先的真实案例引发同学们产生共鸣和思考。

思政元素融入设计:

(1)弘扬科学精神,坚定文化自信和家国担当意识。充分利用本地红色文化发挥专业课育人功能,将感动无数国人,为我国核事业发展隐姓埋名28年的中国科学家邓稼先的故事,以图片展示和讲授的方法融入相关心理学知识点(对马斯洛需要层次理论的评价)中。这一真实案例有力驳斥了需要层次理论中过于强调个人需要和价值的局限性,展示了科学前辈们严谨求实、潜心钻研、淡泊名利的作风,让同学们深入感受到老一辈科学家胸怀祖国、服务人民的爱国精神和勇攀高峰、敢为人先的创新精神,坚定同学们的文化自信和扛起民族复兴重任的担当意识。

(2) 关注学生发展和成长,推动学生树立积极的心理观。马斯洛需要层次理论对校园思政教育工作也有一定的参考价值。在学生工作中,我们不仅要满足学生的基本需要,还应该注意培养学生的高级需要,并创造条件,使学生的自尊心、集体感、荣誉感、成就感得到相应满足。通过思政教育,引导学生树立正确的世界观、人生观、价值观,促使学生向自我实现的方向发展。

5. 合作学习,拓展延伸

在课后习题和拓展阅读环节,倡导合作学习,引导学生积极思考心理学能为国家做些什么,提高学生的专业认同感、价值感和责任感。

思政元素融入设计:领悟学科精神,学以致用报效祖国。

党的十九大报告中,习近平总书记提出"加强社会心理服务体系建设,培育自尊自信、理性平和、积极向上的社会心态"。以此为切入点,授课教师以布置课后作业的形式,倡导心理学专业学生团队合作,在课堂之外积极思考心理学对当今中国社会能发挥什么样的贡献。如此,不仅坚定了学生对专业的认同感,激发学生自主学习、合作学习的动力,更让学生意识到个人、民族和国家是命运共同体,以此提高心理学专业学生的价值感和责任担当意识。

(五) 教学反思

1. 让思政与时俱进,实现知识传授与思政育人的有机结合

从学生的心理发展特点出发,结合国际国内时事、社会热点问题和重大事件等,将心理学知识传授与思政育人元素有机结合,贯穿于课程教学的全过程。避免生搬硬套,将知识传授、能力培养和情感教育潜移默化地融为一体,以情动人,提高课程思政的亲和力、感染力,培养学生的科学和治学精神,激发学生的爱国情怀和责任担当意识,提升育人实效。

2. 加强课程育人资源的挖掘,提高教师思政育人意识

提升教师的认知高度和思想觉悟,加强自身责任意识和业务水平,充分利用本土优秀的红色资源和红色文化,将其与课程内容巧妙融合。在教学过程中,通过对心理学知识中思政元素的挖掘、收集、分析及整理,也稳步提高了教师课程思政育人的意识和能力。

3."讲解、体验、应用"三位一体

在教学过程中贯穿品德教育,突出育人效果,力图实现"全员育人、全过程育人、全方位育人",运用批判性思维驳斥需要层次理论的不足,引导学生将个人需要与国家需要、社会需要相结合，在体验式学习中激发学生的学习热情和潜能，培养具备自主学习和合作学习能力的创新型人才。

四、课件

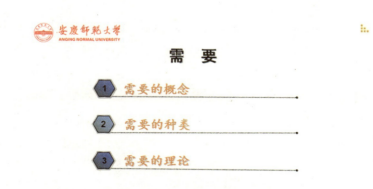

需要的种类

自然需要 → 如饮食、运动、睡眠、排泄、性等

社会文化需要 → 如劳动、交往、求知、成就、奉献等

我和我的祖国

需要是个体活动的基本动力，是有机体活动的源泉。

民族自豪

需要的理论

马斯洛需要层次理论

《动机与人格》：需要是天生的、与生俱来的，它们构成了不同的等级或水平，并成为激励和指引个体行为的力量。

马斯洛（Abraham H. Maslow）

马斯洛的需要层次理论

主要观点：
1. 需要是天生的；
2. 需要是有层次的；
3. 层次越低，力量越强；
4. 高级需要出现前要先满足低级需要；
5. 层次越低，出现越早，层次越高，出现越晚。

马斯洛的需要层次理论

贡献：
1. 系统探讨了需要的性质、结构、发生、发展及其在人生中的作用；
2. 对思政教育工作的参考价值。

我和我的祖国

党史故事 | "消失"28年，他为国家放了个"大炮仗"

使命担当
文化自信

马斯洛的需要层次理论

局限性：

1. 认为这些需要是与生俱来的，严重低估了**环境**和**教育**对需要发展的影响；

2. 马斯洛强调个体优先满足低级需要，忽视了高级需要对低级需要的调节作用。

价值引领

思考

十九大报告中，习总书记提出"加强社会心理服务体系建设，培育自尊自信、理性平和、积极向上的社会心态"。

1. 党和国家高度重视心理的作用，以小组合作形式收集资料，想一想心理学能**为国家做些什么**？

2. 结合本节内容和开篇的拍卖清单，重新思考作为当代大学生要发展的**优势**需要有哪些？

责任担当

"中国古代文学(1)"课程思政教学设计案例

一、课程简介

1. 课程性质

中国古代文学(1)是汉语言文学专业的核心专业课程,开课时间为第三学期,授课对象为汉语言文学专业大二学生,总计68学时,4学分。

2. 课程内容

本课程以唯物史观为指南,系统讲授先秦至魏晋南北朝时期的中国古代文学史。拟通过指导学生学习《精卫填海》《盘古开天辟地》等神话、《秦风·无衣》《小雅·采薇》《离骚》、汉乐府及南北朝民歌等诗歌,研习诸子散文与《项羽本纪》《陈涉世家》《苏武传》《隆中对》等历史散文,引领学生欣赏作品的艺术之美,"回到历史现场",领会其中的历史观念、家国情怀和担当精神,引导学生热爱并自觉传承中华优秀传统文化。

3. 授课教师

芮文浩,博士,副教授,硕士研究生导师。主持完成省级以上教科研课题4项,曾获安徽省教学成果二等奖、第十七届"挑战杯"竞赛安徽省红色专项指导二等奖和安徽省第五届校园读书创作活动指导一等奖。

二、课程思政资源分析

(一)课程思政建设目标

文学史是文学的历史,中国古代文学(1)拟结合中国古代神话、《史记》《汉书》等历史传记、《诗经》《离骚》及两汉魏晋诗文,对标《高等学校课程思政建设指导纲要》,帮助学生掌握马克思主义世界观和方法论,从历史与现实、理论与实践等维度深刻理解习近平新时代中国特色社会主义思想,引导学生理解并践行社会主义核心价值观,自觉弘扬中华优秀传统文化,厚植爱国情怀。

思政目标1:培养创新思维。通过古代神话、诗歌、史传的学习研讨,培养问题分析意识,发展问题分析能力,提高创新思维品质。

思政目标2:增进文化自信。从大文学观出发,通过先秦两汉南北朝文学和文学史的学习,树立唯物主义史观,弘扬中华优秀传统文化,珍视中华民族的文化基因,坚定文化自信。

思政目标3:弘扬爱国主义。将文学史学习和作品研读相结合,通过认真研习作品选中的诗文选篇、史传文选,思考古今"爱国"内涵,树立正确的世界观和人生观,自觉践行社会主义核心价值观,厚植爱国主义情怀。

(二)课程思政融入方式

(1)教学渗透:发挥教师的主力引领和能动作用,稳固课堂教学主阵地。在文本研习过程中,将价值塑造、古代文学知识传授和思辨能力培养融为一体,通过教学研讨、论文写作等环节,深入发掘并有机融入课程思政元素。例如,在文学史的学习过程中自然渗透《小雅·采薇》中的家国情怀、《离骚》中的爱国精神、《苏武传》体现的义利观、价值观、爱国思想、民族观念等,帮助学生自觉认同和传承中华优秀传统文化,增进文化自信,厚植爱国情怀。

(2)课堂讨论:利用思辨问题,引发学生思考,培育良好品德。在中国古代文学(1)相关作家研究、作品研读过程中,研讨《鲧禹治水》神话的担当精神、《离骚》中的家国情怀、《太史公自序》中的文化自信等文化因素,引导学生正确理解爱国主义的内涵,切实践行社会主义核心价值观。

(3)拓展阅读:建立学习QQ群、微信学习群,充分利用并发挥本科生导师制的优势,在文学经典导读、研读中持续跟进,通过上古神话与《红楼梦》研学相结合,以及分阶段研读《左传》、阅读《史记》选篇等形式,落实立德树人根本任务。

三、教学案例展示

《汉书》体例与《苏武传》

《汉书》是继《史记》之后的又一部史学巨著和传记文学佳作,其中的《李广传》基本继承了《史记·李将军列传》,篇中记述了苏武出使匈奴,面对威胁利诱坚守节操,历尽艰辛而不辱使命的事迹,生动刻画了一个"富贵不能淫,威武不能屈"的爱国志士形象。作品选节录的《苏武传》体现了史家笔法与文学语言的很好结合,语言精净,是最能彰显班固写人叙事艺术的篇目之一,其中涉及的历史观、义利观、家国情怀等,至今仍具有宝贵的借鉴意义。

（一）教学目标

1. 情感态度与价值观目标

（1）通过《汉书》苏武和李陵叙写的对比，思考二人面临困境时迥异的义利观，树立正确的世界观和人生观，自觉践行社会主义核心价值观。

（2）通过分析苏武形象，思考古今"爱国"内涵，厚植爱国主义情怀。

2. 知识与技能目标

（1）通过分析《汉书》的创新特色，培养创新思维。

（2）通过分析作品中人物的不同立场，提升思辨能力和思想境界。

3. 过程与方法目标

（1）通过文本细读，丰富文言文阅读理解积累，学会在具体语境中深刻领会祖国语言的魅力。

（2）从历史语境切入文本，从中窥见古代史家的历史观念、开创精神，在总结历史经验教训、接受优秀文学滋养的同时，领悟文中优质文化基因与文化自信的内在关联。

（二）教学重难点

教学重点：《汉书》的体例创新；《汉书》的写人成就。
教学难点：苏武形象的历史意义与当代价值。

（三）教学方法、教学资源

教法：讲授法；CAI。
学法：文本研读；课堂讨论。
教学资源：

（1）中国古代文学史编写组. 中国古代文学史[M]. 北京：高等教育出版社，2018.

（2）朱东润. 中国古代文学作品选：上[M]. 上海：上海古籍出版社，2002.

（3）教学视频"司马迁受宫刑与李陵败降"：https://haokan.baidu.com/v? pd = wisenatural&vid = 15494654551561845274.

（四）教学过程

教学环节一：《汉书》成书简介及其学术成就

班固是继司马迁之后又一位著名的史学家，主要由他执笔撰写的《汉书》在体例上继承《史记》而又有所创新，对后代的"正史"有重要影响。

《后汉书·班固传》载：其父班彪曾仿《史记》，"作《后传》数十篇"（《后汉书·班彪传》）。班彪卒后，班固继承父志，续撰汉史，被人揭发私作国史而下狱。后经弟班超营救出狱，并得到汉明帝的称赞，班固任兰台令史，受诏著史。《汉书》尚未完成班固即再次下狱，直至死于狱中。班昭、马续受诏续《汉书》。班昭，博学高才，世称"曹大家"，补"八表"；马续补"天文志"。

《汉书》沿袭《史记》体例的同时又有所创新：

(1)《史记》《汉书》异同是古今学者研究的一个重要学术命题。

(2)《汉书》站在正统的儒家立场上评价历史人物和事件。

(3)《汉书》之"表"吸收了《史记》"年表"有关成果，《古今人表》《百官公卿表》则是《汉书》创制。

(4)《汉书》将《史记》五体之一的"书"改为"志"，有继承也有创新。

思政元素融入设计：将班氏家学、班氏三杰融入新时代家教家风建设，将《汉书·艺文志》与《太史公自序》中的"论六家要旨"作比较，明确《汉书》在文化传承的同时所做出的学术创新；指导学生研学《汉书·自叙》，并将其与《报任安书》及《太史公自序》对比阅读，引导学生在文本细读中切实体会班固自觉继承前人优秀文化遗产，同时又表现出高度的文化自信。

教学环节二：《汉书》的叙事成就

(1)《汉书》人物传记的思想内涵。

① 引导学生阅读文学史教材第二节第一目内容，课件中展示《霍光金日磾传》（节选）内容。

提出问题：《汉书》如何颂扬霍光、金日磾等人的忠君爱国思想？

学习提示：从以上文本可以看出，《汉书》以精细的笔法刻画出霍光、金日磾二人的庄重谨慎，霍光连进退朝堂脚步的尺寸都把握得极准确，其小心谨慎由此可见一斑。但二人的谨慎又有差异：霍光的谨慎止于自身而已，对于其家属则缺少必要的约束；金日磾不但自己尽量杜绝细小的过失，而且对于后代严格管教，把任何可能引起麻烦的事端消灭在萌芽状态。

② 引导学生进一步研读第二节第二目内容。结合文学史 P196 所载《杨胡朱云传》认识朱云倔强忠直的性格；结合《景十三王传》中的江都王刘建行事，认清刘建的残忍。

③ 引导学生进一步研读第二节第三目内容。

文本细读与研讨：将文学史节录《苏武传》（P197）与作品选《报任安书》（P126）中司马迁为李陵辩护之词对读，课件展示时补充《史记·李将军列传》附记的李陵事迹，领会班、马二人对李陵怀有的一定程度上的同情。

思政元素融入设计：通过史实对比和文本细读，明确《汉书》对《史记》优质文化基因的继承，在讲授过程、课堂讨论以及拓展阅读等环节指导学生阅读《史记·李将军列传》所叙李广、李敢、李陵祖孙三代事迹，并将其与《汉书·李广苏建传》比照阅读，领会《汉书》在叙李陵与苏武家族史事时的继承与创新精神，结合西汉王朝对匈奴的政策调整，启发引导学生珍视、热爱中华优秀传统文化，培育学生的文化自信。

(2)《苏武传》的叙事成就与文学价值。

学习任务：结合文学史教材第三节对《汉书》文学成就的表述（P198～201），细读作品选《苏武传》（P142），讨论苏武的形象。

研讨任务1:苏武是否可以避免流血?

研讨提示:汉高祖直至汉武帝初期,汉朝对匈奴长期采取和亲政策,但匈奴不时武力侵扰,严重威胁了西汉边境安全。为了尽力扭转这一不利局面,汉武帝决定调整战略以捍卫和平,卫青、霍去病北击匈奴,张骞通西域等事件,便是其中的重大举措。有鉴于此,匈奴继任单于在天汉元年(公元前100年)主动遣返之前被扣的汉使,为回应匈奴此举并出于对等原则,汉武帝派遣苏武出使匈奴。在民族交融的大前提下,苏武身为汉使承担的是遣返匈奴使者回归旧地的任务,传递着和平的信号,因此在汉匈民族交往中,像苏武一类的使者,并不是不可避免地要出现流血的情形。

研讨小结:这一问题涉及西汉和匈奴的民族关系,西汉政府以和平为目的,苏武出使是正常的和平外交行为。

研讨任务2:如何看待李陵战败后欲"求死"、投降后却不敢"求武"?

拓展阅读(课件展示)、文本细读(作品选 P143):单于命卫律审理张胜等人的谋刺一案时,苏武为何求死?

研讨提示:苏武求死是真求死,求生也是真求生;而李陵求死未必是真求死。二人在面对困境时的选择不同:苏武是主动承担责任,勇于正对淋漓的鲜血,有担当的勇气和不畏牺牲的精神;李陵却不敢直面惨淡的人生,空有"一取单于"之类的豪言,他是主动投降匈奴的。

研讨小结:苏、李二人在强敌和绝境面前,一者是临危不惧、视死如归、守节不移,另一则是贪生怕死、投敌求荣,根本原因在于苏武有坚定不移的爱国情怀,而李陵则时时以"小我"衡量眼前得失。

研讨任务3:熟读《苏武传》,思考李陵为什么会"流泪"?

学习材料:结合教学影片"司马迁受宫刑与李陵败降"(3分钟),研读《报任安书》及《汉书》"李陵传"相关文本。

研讨提示:《苏武传》中记载李陵有两次:一次在劝降苏武未果时,一次在苏武即将归汉时(作品选 P145)。

拓展阅读:课件展示时补充李陵败降匈奴后生活片段。

研讨提示:作品选中叙写李陵流泪计两次:一是得知家人因其失败惨遭屠戮时而流泪;再一是在与苏武临别之时。二人分别时李陵除悲痛外还明确意识到,自己虽与苏武曾同为汉臣,又彼此在匈奴境内经历了类似的生死抉择,并且家室亲人都同样遭受了汉王朝不公平的待遇,但同视死如归、持节不辱、誓死不降的苏武相比,显然有着天壤之别。"泣下霑衿"除了对亲人惨遭屠杀的悲恸外,还有李陵发自内心的感愤而又无可奈何。

研讨小结:《苏武传》中对李陵"流泪"的细节刻画,表现了李陵复杂的人格,前者所表现的悲愤伤心和后者体现的羞愧难当,反映出李陵在大是大非面前立场极不坚定。

思政元素融入设计:通过文本研读,引导学生树立正确的历史观、民族观,熟悉苏武出使的历史背景和其持节不移、义不受辱背后强大的精神动力,启发学生明确维护祖国统一和民族团结的责任;通过苏武与李陵的对比分析,引导学生树立正确的义利观和荣辱观,自觉践行社会主义核心价值观,厚植爱国情怀。

研讨任务4:怎样理解《苏武传》的悲剧意味?

研讨提示:苏武出使,正当汉朝与匈奴民族矛盾缓和的时期,不料匈奴内部发生的严重谋反事件,使苏武连同随他出使的常惠一同受到牵连,遭匈奴扣留。汉昭帝时期,汉、匈恢复和亲,汉使就苏武等人被扣留一事向单于提出交涉,起初单于谎称苏武等人已死,其后常惠乘机向汉使通报,称苏武尚健在,面对汉使称"天子射上林中,得雁足所系帛书",指明苏武就在匈奴某处大泽中,单于不得已才让苏武等人归汉。苏武为保持气节抽刀自刺、吞旃啮雪、北海牧羊等事迹,无疑是悲壮的,在其滞留匈奴期间兄死妻散、老母去世更是令人同情的。

研讨小结:苏武的悲剧与那个特定时代的民族纷争有着不可割裂的关系,苏武归汉也反映出,华夏文明在其早期发展过程中尽管有过冲突、磨合,但"和"是民心所向,是历史的主流。

思政元素融入设计:立足文本细读,引导学生讨论并分析苏武、李陵形象,通过两人面临自然环境恶劣、社会环境剧变困境时迥然不同的选择,引导学生树立正确的义利观、价值观;从苏武持节不移、李陵兵败后主动降敌的对比中,从李陵对汉使暗示其返汉的举止置之不理的细节中,深切体会苏武身上爱国主义的强大力量,引导学生自觉践行社会主义核心价值观。

教学环节三:本课小结

(1) 明确《汉书》中蕴含的优秀文化内涵,树立文化自信。《汉书》作为断代史继承了前人优秀的文化成果而又有创新;对《汉书·艺文志》等篇目的研学,有助于学生正确认识《汉书》对前人优秀文化成果的继承,引导学生珍视中华优秀传统文化,树立文化自信。

(2) 真切感知《汉书》中以苏武为代表的仁人志士深厚的爱国精神,厚植爱国主义情怀。

思政元素融入设计:《苏武传》是《汉书》中写人叙事最具文学性的一篇,全文始终将李陵与苏武作对比,苏武其人固然有着悲壮的色彩,但因他有着矢志不渝的爱国情怀,不怕流血,不畏牺牲,践行了"富贵不能淫,威武不能屈"的道德准则,捍卫了国家威严,赢得了个人尊严,这是苏武形象之所以感动古今的关键。通过对《苏武传》的重点研讨,引导学生思考古今"爱国"的内涵,指导学生解决好世界观、人生观、价值观这个"总开关"问题,厚植爱国主义情怀。

(五) 教学反思

(1) 学生自主学习以及QQ群、微信群交流,是课堂教学的延伸,可增进其对《汉书》文化传承与创新的认识,让学生从古代仁人志士的感人事迹中汲取精神滋养,提升道德境界,进一步增强文化自信。

(2) 《苏武传》涉及的古代民族关系比较复杂,尽管古今变迁,但民族间的和平交往、民族融合始终是主流,爱国主义作为中华民族精神的核心并没有变,秉持正确的政治立场和真挚的爱国情怀,坚持热爱祖国和热爱中国共产党、热爱社会主义相统一,是爱国主义精神在当代中国最重要的体现。

(3) 学生在苏武忠贞爱国的问题上有统一认识,但苏武归汉后其家人触犯刑律的现象,触发了学生们新的思考。良好家风是社会主义精神文明的重要组成部分,这一点在教学设计之初考虑不够周全,实际上良好家风对个人成长和发展是十分重要的。

四、课件

安庆师范大学

第五章 《汉书》及东汉其他散文

1. 第一节 《汉书》的成书及其体例 —— 弘扬优秀传统文化
2. 第二节 《汉书》人物传记的思想内涵 —— 增进文化自信
   —— 弘扬爱国主义

安庆师范大学

思政元素

- 中华优秀传统文化
- 文化自信
- 爱国主义
- 社会主义核心价值观

安庆师范大学

第一节 《汉书》的成书及其体例

班彪作史

其父班彪曾仿《史记》"作《后传》数十篇"。

《汉书》成书

班彪卒后,班固继承父志续撰《汉书》,被告发私作国史而下狱。后经弟班超营救出狱,受诏著史。永元元年班固为中护军随大将军窦宪出击匈奴,永元四年,窦宪因罪自杀,班固受牵连被捕,死于狱中。和帝命其妹班昭补撰"八表",后又命马续完成《天文志》。

《汉书》的体例及其主要学术成就

- 《汉书》的体例（与《史记》比较）
  《史记》——纪传体通史
  《汉书》——纪传体断代史
- 《汉书》的正统立场与其对历史人物的评价（辩证分析）
  认为《史记》"是非颇缪于圣人"（《汉书·司马迁传》）对刘氏歌功颂德：力称"汉绍尧运"（《叙传》）

中华优秀传统文化

第二节 《汉书》人物传记的思想内涵

思想内涵

- 赞颂忠君爱国、高尚正直的人物
  曰磾子二人皆爱，为帝弄儿，常在旁侧。弄儿或自后拥上项，曰磾在前，见而目之。弄儿走且啼曰："翁怒。"上谓曰磾："何怒吾儿为？"其后弄儿壮大，不谨，自殿下与宫人戏。曰磾适见之，恶其淫乱，遂杀弄儿。弄儿即曰磾长子也。上闻之大怒，曰磾顿首谢，具言所以杀弄儿状。上甚哀，为之泣，已而心敬曰磾。（《霍光金日磾传》节选）
- 揭露统治者的罪恶
  江都王刘建"游章台宫，令四女子乘小船，建以足蹈覆其船，四人皆溺，二人死。后游雷波，天大风，建使郎二人乘小船入波中。船覆，两郎溺，攀船，乍见乍没。建临观大笑，令皆死"。（《景十三王传》）
- 同情受统治者迫害的贤达之士
  锐于为国远虑，而不见身害。其父睹之，经于沟渎，亡益救败，不如趋母指指，以全其宗。（《晁错传》赞）

中华优秀传统文化

《苏武传》研读与苏武形象探讨1

- 文本研读——
  朱东润主编《中国历代文学作品选》上编第二册之《苏武传》
- 阅读思考——苏武为什么会流血？
  出使匈奴的背景
  出使匈奴后的变数
  苏武出使与汉匈关系

苏武牧羊
（清）任伯年

文化自信

《苏武传》研读与苏武形象探讨 2

- 课堂讨论：如何看待苏武"求死"与后来的绝境"求生"？

——张胜意欲劫持单于被发觉，苏武曾刻意求死，重伤后遭单于幽系于大窖中，啮雪吞旃顽强求生，对此需作理性分析。苏武求死是唯恐虞常供出张胜，致使整个汉朝使团遭受牵连，若此，必将有辱使命。苏武决意一死，义不受辱，是为了维护国家威严、保持人格尊严。窖中啮雪吞旃、北海仗节牧羊，出于顽强的求生意志，虽历尽艰辛，但绝不听从卫律、李陵劝降。

爱国主义

延伸/对比阅读：《汉书》载李陵降敌

单于遮其后，……昏后，陵便衣独步出营，止左右：“毋随我，丈夫一取单于耳！”良久，陵还，大息曰：“兵败，死矣。”……陵曰："公止！吾不死，非壮士也。"夜半时，陵与韩延年俱上马，……虏骑数千追之，韩延年战死。陵曰："无面目报陛下！"遂降。军人分散，脱至塞者四百余人。（《汉书·李陵传》节录）

- 面临困境时，苏、李二人不同义利观下的取舍

李陵和苏武在面对困境时采取的行动似乎是身处绝境而难为的结果，二人内心的信念才是最终决定各自行动的内驱力。

- 面对生死时，苏、李二人不同家国情怀下的抉择

苏武主动求生的动机并不是全身远祸的活命哲学，更不是为了降敌；而李陵降敌是为了求生。苏武强烈的家国情怀与李陵的求生哲学彼此格格不入。

爱国主义

思考/拓展：建设和谐民族关系与倡导良好家风的重要意义

——具体要求：
结合《作品选》P146中苏武家族史事的记述，思考建设和谐民族关系与倡导良好家风有何历史逻辑和现实意义？

——完成形式：
联系实际撰写一篇小论文，文题自拟，不少于1000字，并以学习小组为单位，制作简短课件在本课程学习群中交流。

社会主义核心价值观

板书设计

"英语国家社会与文化"课程思政教学设计案例

一、课程简介

1. 课程性质

英语国家社会与文化是一门英语专业选修课程,大一下学期开设,教学时间为17周,总计34学时,2个学分,授课对象为英语专业、翻译专业和商务英语专业学生。

2. 课程内容

本课程教材共两册,上册含爱尔兰、英国、澳大利亚,下册含新西兰、美国和加拿大,涉及政治、经济、教育、地理、民族、历史、文化、生活等教学内容。

3. 授课教师

熊捍东,硕士学位,副教授,教育专业硕士研究生导师、教育部"国培计划"培训者、安庆师范大学教学督导员。主要从事英美文化、英语教学法、语言测试与评估等课程的教学,主持省级线上线下混合式课程"英语国家社会与文化",获安庆师范大学2022年度"三全育人"最美教师。

二、课程思政资源分析

(一) 课程思政建设目标

通过中国与西方社会在政治、经济、历史等方面的比较分析,帮助学生正确认识西方文化,科学理性分析中西文化差异,引导学生深刻理解社会主义核心价值观,坚定文化自信和制度自信,自觉弘扬中华优秀传统文化。

思政目标1:拓宽国际视野。系统了解主要英语国家人文地理、政治制度、社会文化、经济发展等概况,深刻理解社会主义核心价值观,努力构建人类命运共同体。

思政目标2:培养批判思维。深入理解英语国家社会现象背后蕴含的文化价值观,辩证、批判分析西方社会文化现象，努力构建多元世界，反对西方霸权主义。

思政目标3：坚定文化自信。掌握英语专业所需的文化背景知识，具备较强的跨文化交际能力，自觉弘扬中华优秀传统文化和社会主义先进文化，坚定文化自信和道路自信。

思政目标4：弘扬科学精神。通过对英语国家科学技术发展的历史回顾，提升科技创新意识，增强科技创新能力。

（二）课程思政融入方式

（1）教学渗透：在日常教学活动过程中，有目的、有计划、自然地融入思政元素，立德树人，加强爱国主义教育，全面提升人才培养质量。例如，在"英国经济"教学中，使用多媒体呈现相关图片，介绍英国第一次工业革命及其对工业化发展所产生的积极影响；引导学生分析20世纪70年代后期（1979年）保守党领袖撒切尔执政后对国有企业私有化改造，拓展学生经济改革的"国际视野"。

（2）案例教学：使用历史案例，例如在"英国政治"教学中，使用具体历史案例说明：作为海洋大国和曾经的大英帝国，历史上入侵世界很多国家，掠夺他国资源，积累非法财富，肆意扩张领土，危害他国利益。同时，结合英国干涉香港地区事务，危害我国国家安全，认清帝国主义真实面目，激发学生爱国主义情感。

（3）故事分享：任务前置，让学生课前搜集并在课上讲述历史故事。如：英国作为曾经的海洋军事强国，入侵并占领世界各地的许多国家和地区，剥削土著民众，屠杀当地居民，大肆攫取财富，犯下严重的反人类罪行，彻底揭露了西方民主虚伪的真实面目！

（4）小组讨论：以小组形式在课前进行，课中分享。教师通过SPOC发布课前小组讨论的问题，促进学生合作学习。例如，"大英帝国衰落原因有哪些？"通过课前小组探究式学习和教师课堂引领，提高学生对英语国家文化价值观的批判性分析能力。

（5）拓展阅读：拓展阅读是课堂教学的延伸。例如，在第六章"爱尔兰的政治与经济"教学过程中，教师给学生"北爱尔兰和平进程及走向"等阅读材料，供学生课下拓展阅读，系统全面了解英语国家政治、经济、文化发展的历史脉络，深刻理解北爱和平进程的历史背景。

三、教学案例展示

The UK Economy

本课时为教学大纲第二单元内容，包括英国经济相对与绝对衰退、20世纪80年代的私有化经济改革、英国三大产业（基础产业、第二产业、服务业）、农业、能源生产、近海油气、伦敦金融、航空制造与协和客机等11个方面的具体教学内容。

（一）教学目标

1. 情感态度与价值观目标

（1）通过了解英国工业革命历史背景和英国20世纪80年代的私有化改革，拓宽国际视野,深刻领悟中国作为负责的大国担当,增强科技发展意识。

(2) 通过了解英国二战之后经济衰落的成因以及英国粗暴干涉我国香港内政的事实,发展批判思维能力,深刻理解英语国家社会文化现象,反对霸权主义。

(3) 通过对比中英三大产业的发展,展示我国制造业的雄厚实力与美好未来,厚植爱国主义情怀,增强文化自信与道路自信。

2. 知识与技能目标

(1) 通过小组研讨,深刻理解英国经济相对与绝对衰退的原因。
(2) 通过了解英国三大产业结构的发展和现状,理解英国经济结构的主要特征。
(3) 通过了解英国20世纪80年代私有化改革,认识我国产业结构调整的重要性。

3. 过程与方法目标

(1) 通过自主学习、合作学习、探究学习与讲授法的有机结合,积极构建混合式教学模式,促进学习方式的根本改变。

(2) 利用"学习通"智慧平台、国家网络课程资源和多媒体等现代教学手段,积极拓展学习空间,实现课程教学现代化。

(二) 教学重难点

教学重点:英国经济相对与绝对衰退;经济私有化;英国三大产业。
教学难点:英国经济相对与绝对衰退。

(三) 教学方法、教学资源

教法:翻转课堂;智慧课堂;讨论法;讲授法;案例分析法。
学法:自主学习;合作学习;探究学习。
教学资源:
(1) 朱永涛,王立礼.英语国家社会与文化入门[M].北京:高等教育出版社,2011.
(2) SPOC课程平台资源"英国社会与文化":https://mooc1.chaoxing.com/mycourse/teacherstudy?chapterId=286531330&courseId=205390040&clazzid=48013909.
(3) 武汉大学慕课"英国社会与文化":https://www.icourse163.org/course/WHU-1002600064.
(4) 百度百科"英国经济":https://baike.baidu.com/item/%E8%8B%B1%E5%9B%BD%E7%BB%8F%E6%B5%8E/2211455?fr=aladdin.
(5) 在线评论"英国干涉中国内政,不仅傲慢而且愚蠢":https://baijiahao.baidu.com/s?id=1638296746617218746&wfr=spider&for=pc.

(四) 教学过程

教学环节一:课前活动(小组讨论、合作学习)

活动内容:课前讨论"英国经济绝对衰退与相对衰退的原因及帝国心态""上世纪英

国私有制改革与中国改革开放""英国三大产业与我国产业结构调整""伦敦金融城与我国第三产业发展""英国航空业、协和飞机与我国大飞机制造"。

设计意图：通过智慧平台发布课前问题，发展学生合作、自主与探究学习能力。

预设效果：通过翻转课堂，学生学习方式得到改变，学生主观能动性得到激发。

教学方法与手段：使用SPOC平台实施讨论，改变传统课堂的单一讲授，体现"以学生为中心"的教育教学理念，培养学生综合能力，促进教学方式的根本改变。

思政元素融入设计：课前五个问题内含丰富的思政元素，充分体现了"发展学生国际视野、深刻理解中国大国担当、努力构建人类命运共同体"等思政目标。例如，问题1探究英国经济绝对衰落与相对衰落的原因，既尊重历史发展规律，也正视客观现实，英国无序扩张殖民必然不堪重负并遭到各国人民的反对。问题3英国第三产业繁荣与我国产业结构调整：英国作为最早的资本主义国家，第三产业的繁荣值得我们学习与借鉴。问题5英国航空制造业发展与我国大飞机项目：作为喷气式发动机的发明国，英国与法国及美国相互勾联，长期垄断大飞机市场，我们必须研发自己的C919，捍卫我国国家安全与国家利益，"厚植学生爱国主义情怀"。

教学环节二：问题导入，课堂讨论

教学内容：教师就教材文化知识提出三个导入性问题用于课堂分组讨论：Where is the best agricultural land in Britain? What did Frank Whittle do in 1937? Which company became an important aero-engine manufacturer after WWI?

设计意图：设计三个与英国经济发展相关联的知识性问题用于课堂教学导入，激发学生求知欲望。

预设效果：有效培养学生课前预习习惯，同时也检查课前预习效果。

教学方法与手段：多媒体辅助教学、讨论法。多媒体呈现问题，提高教学效率；实施分组讨论，体现"以学习者为中心"的教学理念，促进互动多元化。

思政元素融入设计：本环节主要发展学生国际视野、科技创新。问题1通过了解英国农业的特点，深刻感知英国发展工业的重要性；英国农业高效性为我国产业结构的调整提供了借鉴。问题2英国发明喷气式发动机而成为航空工业强国，为我国研发自己的航空发动机提供了科技自信和民族自信。问题3英国劳斯莱斯发动机启示我们，要重视科技发展，倡导科技创新！

教学环节三：分享课前学习成果

教学内容：分享课前小组探究的5个问题："英国经济绝对衰退与相对衰退的原因及帝国心态""上世纪英国私有制改革与中国改革开放""英国三大产业与我国产业结构调整""伦敦金融城与我国第三产业发展""英国航空业、协和飞机与我国大飞机制造"。

设计意图：实施课堂翻转，将教学内容重难点作为课前活动通过智慧平台发布，促进学习者学习能力提升，改变传统教学方法，转变传统教师角色。

效果预设：学习者学习自觉性得到提高，小组合作意识增强，综合能力提升。

教学方法与手段：利用智慧平台"分组任务"，随机抽取5名小组代表将课前讨论结果与师生分享，体现"以学习者为中心"教学理念，发展学生综合素养；教师对学生小组研究性学习成果进行评价与补充。

思政元素融入设计:课前小组探究5个问题,同时问题本身涉及下列思政元素:认清英国绝对衰退与相对衰退的关系,树立辩证唯物主义历史观;了解英国国有企业的私有化改革,扩展学生的国际视野。

教学环节四:微型讲座(英国第三产业的作用与我国产业结构的调整)

教学内容:分析第三产业在英国经济中的作用以及对我国产业结构调整的启示。
设计意图:对课前预习进行补充与拓展,体现教师在混合式教学模式中的引领。
效果预设:加深了对教学重点内容的理解。
思政元素融入设计:拓宽学生"国际视野"。通过对比中英第三产业的现状,了解英国产业结构调整的背景,引导学生思考如何借鉴他人经验,有效实现我国高科技和第三产业的快速发展。同时,通过回顾我国产业结构优化重组、服务业欣欣向荣的改革开放发展成果,厚植爱国主义情怀,增强文化自信与道路自信。

教学环节五:微型讲座(英国航空制造业与我国大飞机制造——可选性活动)

教学内容:补充英国航空制造业的特点及对我国大飞机制造的启示。
设计意图:对课前预习进行补充与拓展,体现教师在混合式教学模式中的引领(本活动为可选性活动,视课堂具体情况加以选择使用)。
效果预设:加深了对教学重点内容的理解。
思政元素融入设计:渗透爱国情怀与文化自信。我国每年都要从欧美进口大量客机,他们操控价格并实施技术垄断。为了国家航空业健康发展,我们必须发展自己的航空产业,提升航空制造业水平,增强航空业竞争能力。我们必须大力研发自己的C919等大飞机项目,加大对航空发动机的投资与研发,夯实国防实力,捍卫领土主权与国家利益。

教学环节六:课堂小结与课后作业

(1) Summary.
(2) Homework:
① Preview Unit 3 British Literature.
② Discuss the following questions on Superstar:
Why is Geoffrey Chaucer, who wrote in Middle English, still read and studied today? What are the main features of Romantic Literature?

(五)教学反思

通过对英国经济的课前分组讨论、课堂分享学习成果以及教师对相关话题的补充,学生深刻认识到英国经济相对衰落与绝对衰落的原因及其帝国心态。如果英国不深刻反省历史,停止干涉中国内政,英国必然加速衰败!

通过本单元学习,学生爱国主义情感得到提升,国防意识得到增强:为了确保航空制造业的安全,不受制于人,我们必须大力研发自己的C919,加大对航空发动机的大力投资与研发,夯实国防实力,捍卫领土主权与国家利益。

通过实施翻转课堂,学生学习能力显著提高;智慧平台与智慧课堂的构建,使得知识获取更加便捷与高效。

四、课件

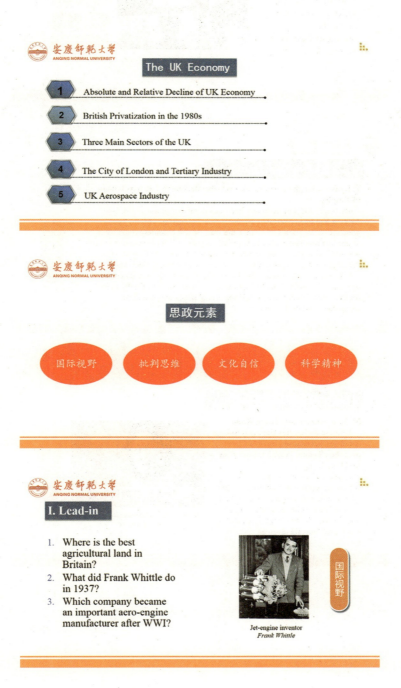

II. Sharing learning

Representatives from five groups come to the front of the class to make presentations about the five questions discussed before class.

Cooperative learning: Learner-centred

- 国际视野
- 批判思维
- 文化自信
- 科学精神

III. Thinking & Expanding

1. Reasons for the absolute and relative decline & UK psychology of Empire

By the 1880s, UK economy had been dominant in the world. By 1900, it had been overtaken by the U.S and Germany. Britain had gone into heavy debts to finance the war. British colonies which used to provide raw materials and big markets gained independence, which was the end of the era of empire. Britain was heavily burdened with the huge military expenditure during the process of decolonization.

UK is not what it used to be. However, it tries to recover its empire influence. UK joined the EU for economic purposes and finally exited for the same. UK interferes in Hong Kong affairs and it will be completely lost in the battle.

批判思维

III. Thinking & Expanding

No interference into Hong Kong

Chinese authorities slammed foreign countries' accusations against China over the electoral system reform plan for Hong Kong.

Chinese Foreign Ministry spokesperson Hua Chunying said that US and UK officials are not qualified to interfere in other countries' domestic issues while the two countries face so many problems themselves.

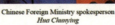

Chinese Foreign Ministry spokesperson *Hua Chunying*

批判思维

III. Thinking & Expanding

2. Privatization in the 1980s

In the 1980s, when the Conservative party under Margaret Thatcher was in power, an extensive programme of privatization was carried out. Many state-owned businesses (such as steel, telecom, gas, aerospace) were turned into private companies.

Conservative party Leader
Margaret Thatcher

III. Thinking & Expanding

3. Roles played by UK tertiary industry; Readjustment of the industrial structure in China

Tertiary industries produce 65% of the national wealth, such as banking, insurance, tourism, advertising and the selling of goods.

Financial sector is important for London as one of the top 3 financial centers.

The world's largest foreign exchange market is in London. London is also one of the busiest share-dealing centers in the world.

We should develop our own tertiary industry as UK did.

The City of London

III. Thinking & Expanding

4. UK aerospace industry and the cooperative making of Concorde with France

Aerospace (航空制造业) is the 3rd largest in the world, just inferior to the U.S and Russia, producing the full range of aerospace products.

The first powered flight in the world was made by the Wright Brothers in the US in 1903. It was 1908 when the first such flight was made in the UK.

When an Englishman Frank Whittle developed the world's first practical jet engine in 1937, the foundations had been laid for the 3 major branches of the aviation industry, with British companies prominent in each field.

III. Thinking & Expanding

5. C919 aims to end duopoly

Concorde is the world's first supersonic civil airliner produced collaboratively by British and French aircraft manufacturers. The aircraft was a technical success, but a commercial failure.

China's national aircraft manufacturer has launched its challenge to Boeing and Airbus, by announcing a raft of 100 orders for its first large passenger jet at an air show, as it tries to break the duopoly of global aviation markets.

C 919

科学精神

IV. Summary

1. Absolute and relative decline of the British Economy
2. Privatization in the 1980s
3. Three main sectors of the UK economy
4. The City of London
5. The aerospace industry and Concorde

国际视野
批判思维
文化自信
科学精神

V. Assignment

1. Preview *Unit 3 British Literature*.
2. Discuss the following questions:
   ➢ Why is Geoffrey Chaucer, who wrote in Middle English, still read and studied today?
   ➢ What are the main features of Romantic Literature?

国际视野
批判思维
文化自信
科学精神

"广告学概论"教学设计案例

一、课程简介

1. 课程性质

本课程是新闻学专业的选修课,属于基础理论课程,共计34学时,2学分。授课对象为新闻学专业本科学生,开课时间为第四学期。

2. 课程内容

本课程以传播学、心理学、营销学等原理为基础,从社会主义市场经济和我国国情出发,吸收国外先进经验,探讨广告活动及其规律性。主要内容包括广告学基本概念、广告基础理论、广告活动的过程及其规律,广告传播的演进、广告运作的基本原理和规则、广告活动的管理等。通过教学使学生能够系统掌握广告学基础理论,具备整体的策略性思考方法和科学的广告观。

3. 授课教师

张蕾,安庆师范大学传媒学院副教授、硕士生导师,主要承担广告学概论、公共关系学等课程的教学。安徽省教坛新秀,主持安徽省高校优秀青年人才支持计划项目、安徽省高校人文社科研究一般项目、校级重点课程思政示范项目等。2018年以来获全省高校教师演讲比赛二等奖、三等奖,2021年获校级课程思政教学大赛二等奖,指导学生获省部级以上奖励近20项,多次获优秀指导教师奖。

二、课程思政资源分析

(一)课程思政建设目标

在教学中将思想政治教育与广告学概论课程教学相融合,把培育和践行社会主义核心价值观融入教书育人全过程,有效地提升广大学生的思想政治觉悟,以教学实践课程为平台融入思想政治元素,深挖广告学案例中思想政治资源,开展主题教育活动。在丰富教学内容的基础上,形成思想政治教育"滴灌式"融入机制,充分发挥教师育人作用,实现思想政治教育和专业教育的有机融合、优势互补。

(二)课程思政主要元素

思政目标1:文化自信。分析广告中的哲学思想、中国元素、中华民族的文化内涵、行为方式等,进一步引申到中国灿烂的文化,提升学生的思想观念、人文精神、道德规范、审美境界,引导学生意识到中华优秀传统文化蕴含的丰富的核心价值,激发学生的文化自信。

思政目标2:生态文明。分析平面广告和纪录片形式的广告中反对污染环境,倡导社会责任等主题。引导学生树立保护环境、崇尚自然的意识,体会生态广告的主导思想:以人本观为核心,以人的全面发展为目标,社会效益与经济效益并重。生态文明广告中生态美所体现的是人与自然的生命关联和审美共感,爱护环境、保护生态的文化氛围。

思政目标3:家国情怀。注重学生综合技能积累的同时,结合当下社会主旋律和正能量的广告,用正确的价值取向、家国情怀及社会责任意识引领广告学专业知识教育。课程教学在培养专业素养的同时,重视融入社会主义核心价值观、伦理道德、家国情怀和信仰教育,做到专业教育与思政教育同频共振,同向发力,相得益彰,相互促进,从而更有效地达成学生全面成才的育人效果。

(三)课程思政融入方式

(1)思政元素融入教学案例。在教学过程中通过对大量中外广告作品的观摩和分析,使学生在开阔视野的基础上,系统掌握广告学基本理论和广告运作的基本知识与技巧,在潜移默化中提高学生的政治素养与专业素养。

(2)思政元素融入实践教学。在广告的实践教学环节,引导学生以社会主义核心价值观为主题,主动挖掘安庆师范大学历史办学传统、大学精神及特色校园文化,积极组织学生参加专业性文化艺术活动,既借思想政治教育提升广告课程教学的思想性与人文性,深化教学内涵,切实带动教学效果,又在体验式实践教学中碰撞出价值共鸣的火花,升华广告课程的教学质量。

(3)思政元素融入学科竞赛。组织学生参加专业性文化艺术活动,如校园公益广告大赛、全国大学生广告艺术大赛等。使思想政治教育与专业教育、创新创业教育深度融合,在向学生传授专业知识、培养学生专业能力的过程中,有效地提高学生的政治素养与专业素养,引导学生结合新时代中国特色社会主义思想,展开专业学习和学科竞赛活动,渗透社会责任意识的同时,为学生勾勒职业伦理与道德的清晰轮廓,从而引导学生对未来的职业生涯形成良性规划。

三、教学案例展示

广告诉求策略

教学展示内容选自马工程教材《广告学概论》第六章第三节：诉求策略。该节内容包括诉求策略概念、广告诉求策略、产品生命周期的诉求策略。本案例讲授时间为1学时。

（一）教学目标

1. 情感态度与价值观目标

（1）学生通过广告中的中国优秀传统文化元素的学习，激发文化自信。

（2）学生通过分析广告中的生态元素，加深对"绿水青山就是金山银山"的认知，强化环保意识。

2. 知识与能力目标

（1）通过案例分析，学生掌握广告诉求策略中感性诉求和理性诉求。

（2）通过分析类比，学生学会选择不同产品生命周期的诉求策略。

3. 过程与方法目标

（1）运用不同的诉求策略，学生学会分析广告。

（2）根据产品不同生命周期，学生能选择对应的诉求策略。

（二）教学重难点

教学重点：感性诉求、理性诉求、不同产品生命周期的诉求策略。

教学难点：感性诉求。

（三）教学方法、教学资源

1. 教学方法

（1）案例式教学：广告学概论的课程教学要求有一定的广度和深度，理论和案例相结合，才能满足学生对系统的知识以及实践能力的需要。本课程不仅有广告学基本理论，还涉及相关的市场理论、广告策略分析、广告的创意表现、广告的媒体投放、广告的实战运作规律等基本理论。在课堂讲授中，教师选择广告中经典的案例，努力创设良好的课堂情境，将启发式等多种方法有机结合在一起，激发学生的学习热情。通过对专业理论基础的讲解，引导学生在制定广告策略、拟订广告计划方面锻炼良好的能力。

（2）讨论式教学：改变传统的以教师为中心单向传授知识的教学方法，树立以学生为中心的教育理念，在教学过程中充分发挥学生的积极性、主动性、创造性，教师与学生双向讨论、交流、研究、提高,进而转变为帮助、引导学生,围绕广告学案例进行讨论,小组总结,教师归纳总结。

(3) 线上线下混合式教学:可归纳为"确定主题—线上资源预习—合作探究—课堂展示—学生讨论—教师评估"六个环节。首先,按照教学内容划分经典广告案例分析专题;其次,学生根据慕课平台内容自学,自由组合后成立课堂展示小组;第三,小组成员按自己的分工查找相关资料,经协商后确定表现形式;第四,制作课件或视频等进行课堂展示;第五,同学结合广告学理论知识对展示内容展开讨论;第六,教师提问并对广告案例进行总结。在这类教学过程中,学生的主体性和个别化得到较好的体现,有利于提高学生的专业学习兴趣,有利于创新精神的培养。

2. 教学资源

(1) 教材:
① 广告学概论编写组.广告学概论[M].北京:高等教育出版社,2018.
② 陈培爱.广告学概论[M].北京:高等教育出版社,2018.
(2) 教参:
① 倪宁.广告学教程[M].北京:中国人民大学出版社,2014.
② 陈培爱.广告传播学[M].北京:高等教育出版社,2010.
③ 丁俊杰,康瑾.现代广告通论[M].北京:中国传媒大学出版社,2019.
(3) 线上资源:中国大学 MOOC(慕课)国家精品课程在线学习平台:https://www.icourse163.org/course/NBU-1002477002? from=searchPage.

(四) 教学过程

教学环节一:导入新课

教师:播放图片(让鸟妈妈等待了一生的孵化)。
提出问题:这会是什么产品的广告?
学生讨论回答后教师展示:爱普生打印机——超级逼真、持久如新,这一则广告就运用悬念的方式引起大家的关注。
引出新课知识点:广告诉求的原理,即"AIDAS",包含着引起注意(Attention)、产生兴趣(Interesting)、刺激需求(Desire)、激起购买欲望和行为(Action)、使购买者满意(Satisfaction)几个方面。这里我们看到,注意是达到广告诉求目的的第一步。

教学环节二:讲授新课

知识点一:什么是广告诉求方式?
广告的诉求方式就是广告的表现策略,即解决广告的表达方式——"怎么说"的问题。它是广告所要传达的重点,包含着"对谁说"和"说什么"两个方面的内容。
如果广告诉求选得恰当,会对消费者产生强烈的吸引力,激发起消费欲望,从而促使其实施购买商品的行为。
通过借用适当的广告表达方式来激发消费者的潜在需要,促使其产生相应的行为,以取得广告者所预期的效果。可以将广告分为理性诉求广告和感性诉求广告两大类。

知识点二：理性诉求广告。

广告通常采用摆事实、讲道理的方式，通过向广告受众提供信息，展示或介绍有关的广告物，有理有据地进行论证接受该广告信息能带给他们的好处，使受众理性思考、权衡利弊后能被说服而最终采取行动。如家庭耐用品广告、房地产广告较多采用理性诉求方式。

提问：学生生活中接触到的理性诉求广告举例，小组讨论后归纳理性诉求策略常用的几种：直接陈述、引用数据、利用图表、类比、解释原因、功能示范、对比、双面信息等。

思政元素融入设计：今麦郎食品集团有限公司广告《古筝篇》《琵琶篇》（第二届中国元素国际创意大赛银奖作品）将中国传统文化元素古筝、琵琶的弦和面进行巧妙的结合，展示面的劲道。教学过程中通过对广告的阐释进一步激发学生对中华优秀传统文化的兴趣和认同感。

知识点三：感性诉求广告。

广告通常采用感性的表现形式，不完全从商品本身固有的特点出发，而是更多地研究消费者的心理需求，运用合理的艺术表现手法进行广告创作，融入亲情、爱情、友情等情感，寻求最能够引发消费者情感共鸣的出发点，从而促使消费者在动情之中接受广告，激发购买欲望。日用品广告、食品广告、公益广告等常采用这种感性诉求的方法。

思政元素融入设计：

（1）著名的"南方黑芝麻糊"广告，以"一股浓香，一缕温暖"为广告语，广告画面为小巷、黄昏、挑担的母女，从深宅里偷偷溜出来的小男孩，还有木屐声、叫卖声和民谣似的音乐。这则广告力图营造出一种怀旧氛围，引发消费者对逝去岁月的怀念、对故乡的眷恋、母爱与童心等美好情感。在教学过程中深入挖掘故土乡情、母性怜爱、仁义宽厚等中华优秀传统美德的内涵，帮助学生汲取中华传统美德的思想精髓。

（2）农夫山泉广告《水源地篇》《长白山生态环境》，以纪录片的手法拍摄农夫山泉原生态水源地的美景，表现长白山绿色、无污染的生态环境。以"什么样的水源，孕育什么样的生命"为广告语，让消费者产生直观感受，激发消费者对大自然的敬仰之心，对绿色环保的认同感和对品牌的信任感。教学过程中可通过小组讨论，引发学生对自然环保问题的思考。

引申：感性诉求广告的情感传播理论。对"绝对"牌伏特加广告、可口可乐剪纸设计广告、百事可乐广告、美度手表广告、中国联通中国结标志的广告等经典广告案例进行讨论分析，研究情感、情绪在广告传播效果方面的影响。

思政元素融入设计：

（1）对国内外品牌广告设计中加入中华优秀传统文化元素这一现象进行分析，引导学生认识到加入传统文化元素能提升品牌的知名度和美誉度，是文化自信在广告中的体现。

（2）对中国联通标志和"情系中国结，联通四海心"广告语进行分析，使学生理解"中国结"这一传统文化标志的内涵及其在情绪传播、打造企业文化过程中产生的重要作用。

知识点四：选择感性诉求还是理性诉求？

选择感性诉求或理性诉求要根据产品的具体情况来定。一是要看诉求对象，诉求对象由产品的目标消费群体和产品定位决定。二是要看产品的生命周期,根据产品生命周期的不同阶段,选择不同的诉求策略。产品生命周期理论最集中体现了广告与市场营销之间不可分割的关系,体现了广告是营销的一部分。三是要看产品属性。不同的产品属性应采取不同的诉求方式。四是要看消费环境,不同时代、不同背景、不同的消费环境采取不同的诉求方式。

以"互联网时代广告新的诉求策略变化"为小组讨论主题,讨论采用个性化、互动性的形式。

教学环节三:课后拓展

(1)给一个普通水杯设计广告,要求增加附加价值(融入文化和生态元素)。
(2)收集、研读情感传播文献,不少于五篇。

(五)教学反思

(1)将广告案例的实践性、理论性和思想引领性紧密结合;以自主学习、互动学习等多种学习形式充分保证教学目标的实现。

(2)思政元素的融入不生硬,能收到"润物无声"的效果。教学活动中充分发挥学生的主体作用,做到了"老师讲得好不如学生学得好"。

(3)文化自信和生态文明思想是习近平新时代中国特色社会主义思想的重要内涵,课程思政元素的教育意义大,这一部分案例需要进一步充实。

四、课件

课程导入

广告的理性诉求

- 理性诉求广告的表现形式

  直接陈述

  白加黑感冒药:"白天吃白片,不瞌睡;晚上吃黑片,睡得香。"

  引用数据

  乐百氏纯净水,"27层"净化。

- 芬必得——缓释阵痛

- 飘 柔 ——柔顺对比

- 海飞丝——ZPT去屑成分,对比

- 高露洁——清新口气

不谈面却"弹"琴：今麦郎弹面

篇名：《古筝篇》《琵琶篇》　客户：今麦郎食品集团有限公司
奖项：第二届中国元素国际创意大赛银奖

《琵琶篇》（平面）　　　　《古筝篇》（平面）

文化自信

- **农夫山泉**

　　——水源地篇

- ——长白山生态

生态文明

广告的感性诉求

➢ 抓住消费者的情感需要
➢ (美感、亲情、幽默感、害怕感、怀旧感)
➢ 增加商品的心理附加值
➢ 移情（爱屋及乌）
➢ （一家酸奶店广告语："本店出售的酸奶有初恋般的味道。"）
➢ 情感传播理论

➢ 南方黑芝麻糊
　怀旧　亲情
　童真　仁信

案 例

"绝对"牌伏特加广告　　融入到不同的文化圈内

融入到不同的文化圈内

案 例

中国传统元素应用

情系中国结，联通四海心。联通的标志是一个**中国结**，联通把自己的标志和品牌名称自然地融入到广告语中，从外表到精神做到了和谐统一，反映了企业的精神理念。

家国情怀

拓 展

个性化、互动性的形式

"基础英语(4)"课程思政教学设计案例

一、课程简介

1. 课程性质

基础英语(4)为英语专业学科基础课程,开课时间为第四学期,授课对象为英语专业大二学生,总计68学时,3学分。

2. 课程内容

本课程系统传授英语语法、词汇、语篇结构、语言功能等基础语言知识,加强学生英语语言技能训练,丰富学生英语国家文学和文化知识,提高学生人文素养,培养学生良好的口语和书面语交际能力和跨文化交际能力;同时,本课程通过剖析文本主题思想,结合现实生活中的实际问题或热点话题展开讨论,促进学生运用所学知识和技能表达观点,培养思辨能力。

3. 授课教师

陈婷婷,硕士,讲师。主讲基础英语、跨文化交际等课程。获第二届长三角师范院校教师智慧教学大赛人文社科组三等奖,首届安徽省高校教师教学创新大赛讲师及以下组三等奖,首届安庆师范大学课程思政教学设计大赛三等奖。

二、课程思政资源分析

(一)课程思政建设目标

依据《高等学校课程思政建设指导纲要》精神,本课程将帮助学生掌握辩证唯物主义的方法论,树立正确的人生观和价值观,从中西跨文化的视角深刻理解习近平新时代中国特色社会主义思想;本课程将结合专业知识教育,引导学生深刻理解社会主义核心价值观,坚定文化自信和制度自信,自觉弘扬中华优秀传统文化,努力实现课程育人目标。

思政目标 1：塑造正确价值观。本课程注重融入习近平新时代中国特色社会主义思想，引导学生树立马克思主义的世界观、"我为人人，人人为我"的人生观以及社会主义核心价值观，帮助学生树立正确的价值判断、价值选择，自觉进行价值行动。

思政目标 2：坚定文化自信。本课程融入丰富的中国文化内容，引导学生系统学习本土优秀文化，提升学生文化涵养与能力素质，形成文化自觉，坚定文化自信，增强传承中华文明的时代使命感。引导学生辩证看待西方文化价值观，学会取其所长，为我所用，进一步发展壮大中华优秀传统文化。

思政目标 3：牢筑理想信念。本课程联系时事，引入国家政策导向和政府工作报告相关内容，帮助学生理解国家发展理念和国家发展长期目标，筑牢理想信念，增强学生社会责任感和国家自豪感，激发学生实现中华民族复兴的奋斗精神。

（二）课程思政融入方式

（1）案例教学：案例教学运用广泛。在 *The Telephone* 单元教学中，为了引导学生关注现代科技对人类生活及精神的正、反面影响，学生以小组为单位课前选取典型案例并进行深入剖析，课中各组分享案例并互相讨论，帮助学生正确认识、合理运用现代信息技术，避免沦为信息科技时代发展下的囚徒。

（2）故事分享：故事分享是人文课程典型的思政融入手段。基于教材的英语国家文本，教师鼓励学生进行中西比较，用英文讲解中国古今故事，汲取中国传统文化精髓，树立文化自信。*Spring Sowing* 一文描述了爱尔兰的一对年轻夫妻的春耕场景，教学中教师通过向学生发布任务：用英文讲述中国农耕社会中反映劳动人民勤劳勇敢、朴实无华、为创造未来美好生活而踏实肯干的故事，熏陶和感染学生，帮助学生深刻理解传统文化，践行勤奋努力的传统美德。

（3）角色扮演：角色扮演可以将静态的教学文本翻转成生动、直观的动态场景，融合声音、表情、动作为一体，有效提升学生对文本的感受；分组扮演可以克服单一表演对文本解读的束缚，呈现出丰富多样的文本理解。教授戏剧 *Man of the Moment* 时，将学生分成四组分别表演并录制成视频，在班级内分享交流，探讨不同人物的心理活动及精神追求，辨别两位男主角截然相反的正义与邪恶、奉献与贪婪的人物特征。通过表演体验和深入剖析，学生内化了公平正义、努力奉献的价值观念。

（4）拓展阅读：拓展阅读主要是阅读双语新闻和政策文件，收听重要领导人讲话，学习时事英语表达，获得丰富的双语思政素材。音视频材料有美国探索频道纪录片 *China: Time of Xi*（《习近平的治国方略：中国这五年》）、BBC 纪录片 *Chinese New Year* 2016（《中国春节》）、*The Story of China* 2016（《中国故事》）等，国家地理纪录片 *China from Above*（《鸟瞰中国》）等；思政材料网站有英语点津网、中国特色话语对外翻译标准化术语库等。另有学习强国 App 中的双语资源和云视听 App 中的"双语诵读中华经典"等。

三、教学案例展示

The Damned Human Race

本节内容为 *The Damned Human Race*（《可恶的人类》），是美国作家马克·吐温所作的一篇对比人与其他动物特征、突显人性丑陋、试图唤醒人们良知的人文类文章。教学设计突出课程思政导向，根据教学内容的相关性，在基础语言知识学习、中国传统故事讲解、文章大意及结构分析、人性主题思辨等教学环节适时融入思政元素，开展课程思政教学活动。

（一）教学目标

1. 情感态度与价值观目标

（1）通过讲述中国历史上诚信友爱、乐于助人的人物故事，树立家国情怀，坚定文化自信，形成积极的情感态度和价值观；

（2）通过观看社会热点新闻视频，探讨人性善恶观，培养批判性思维，践行诚信友善，形成构建人类命运共同体的国际视野和世界情怀。

2. 知识与技能目标

（1）借助上下文语境线索，掌握描述人类特点的词汇与短语表达。

（2）通过文本细节的解读，识别文本语篇中作者用于阐述人类负面特点的多种写作手法，如举例法、对比法等。

（3）通过实际模拟讨论，阐述观点，提高语言表达和议论文写作能力。

3. 过程与方法目标

（1）通过线上+线下混合式教学的参与和实践，培养学生的学习自主性；

（2）通过翻转课堂教学模式，以学生为主体、教师为主导，激发学生的合作式、探究式学习行为。

（二）教学重难点

教学重点：文本主旨和大意；议论文的结构和惯用写作技巧。

教学难点：中西不同文化的民族精神比较；作者观点评价。

（三）教学方法、教学资源

教法：翻转课堂教学法；混合式教学模式；任务型教学法。

学法：合作探究学习；读写结合学习。

教学资源：

（1）杨立民. 现代大学英语（4）[M]. 北京：外语教学与研究出版社，2020.

（2）张汉熙. 高级英语[M].3 版. 北京：外语教学与研究出版社，2017.

（3）超星学习通课程资源：http://mooc1.chaoxing.com/nodedetailcontroller/visitnodedetail?courseId=216886270&knowledgeId=416824768.

（4）e 会学课程幕课视频：http://www.ehuixue.cn/index/study/index.html?cid=36398.

（5）课程拓展视频资源：https://www.ixigua.com/6787273998989263371?logTag=c0c8fe2c7a12f4678534.

（四）教学过程

1. 线上自主学习

课前自学：以问题为导向设计学习任务，引导学生线上自主与合作学习，开展在线讨论，鼓励头脑风暴，完成基本学习任务和知识体系的构建，培养学生自主学习和独立思考的能力。

学习要点见线上课程：http://mooc1.chaoxing.com/nodedetailcontroller/visitnodedetail?courseId=216886270&knowledgeId=416824768.

（1）Darwin and Darwinian theory.

（2）The author：Mark Twain（his life experience，his works and influence）.

（3）The famous quotations in Mark Twain's works.

（4）Language study：vocabulary and grammar.

课前任务包：

（1）Watch the video about Darwin and Darwinism, and then give an overall introduction.

（2）Study the video of Mark Twain and give an introduction to him, paying special attention to his later life and its effect on his works.

（3）Skim the whole text and find out the theme-the author's viewpoints.

（4）Scan Para. 2-17 and identify the negative traits of human race by the author.

思政元素融入设计：线上学习期间，穿插线下小组讨论，将个人学习与小组互助紧密结合，培养学生的团队协作能力。同时，学生根据教学视频的学习内容，用文字或思维导图总结马克·吐温的生平故事，解释作者"人性本恶"的观点，分析资本主义社会存在的种种罪恶现象。

2. 线下课堂研讨

课中研讨：线下研讨以学生为中心，通过汇报学习结果、小组互评和讨论社会热点问题，提高学生的综合归纳、表达沟通、分析评价等高阶思维能力。在此基础上，集中解决共同核心问题，提升语言综合运用能力，并借此拓展思路，将课程教学引向更加深入的思辨学习。

教学环节一：Group Work and Self-Study Report（小组任务与个人学习分享）

(1) Group 1 & 2：Darwin and Darwinian theory.
(2) Group 3 & 4：The background information of Mark Twain.
(3) Self-study：The theme of the text and supporting details.
(4) Self-study：Structure of an argumentation.

思政元素融入设计：本环节中，学生通过学习文本语言知识、解读主要内容和主旨大意，了解西欧封建社会和近代资本主义社会中人类种种残害动物及同类的血腥史，深刻体会作者马克·吐温试图以揭露丑陋而唤醒人类反思的写作意图，深入剖析西方"人性本恶"的政治制度及宗教文化根源，用辩证的否定观对待西方文化糟粕。

教学环节二：Ancient Chinese Fables（用英语讲好中国故事）

Tell stories about ancient Chinese heroes/heroines of high morality and great virtues (Chinese fables).

思政元素融入设计：本环节中，对比文中描述的西方社会的人类残暴行为，鼓励学生用英文讲解耳熟能详的歌颂人们崇高品质、反映人性真善美的中国传统故事，如"六尺巷"、孔融让梨等，加深学生对中华优秀传统文化的理解，引导学生坚定文化自信，传播传统文化，践行真善美。

教学环节三：Critical Thinking about Human Nature（人性观讨论）

Group discussion：Do you agree with Mark Twain? What do you think of the nature of human race?

思政元素融入设计：本环节中，教师引导学生对人性问题进行探讨。首先，教师播放两个短视频；第一个是关于一个因病去世的小女孩捐献器官、拯救多人生命的新闻报道；第二个是一位以色列男子用中英双语讲述中国在全球抗击新冠肺炎疫情中所起的积极作用。接着，结合视频内容，教师引导学生以小组讨论的方式，对本文中作者关于"人性本恶"的观点进行批判性思考和评价。通过两则时事新闻引入，帮助学生提高政治素养，强化爱国主义情怀，树立正确的人生观、价值观和世界观，坚定构建人类命运共同体的决心，思考构建人类命运共同体的路径。通过引导学生综合评价对立观点，有效提高学生的批判性思维能力。

3. 课后巩固延伸

(1) Supplementary reading：Text B *A String of Beads*.
(2) Essay writing：Please extend your critical thinking about human nature into a 250-word composition on how to contribute to the construction of a Community of Shared Future for Mankind from the perspective of a college student.

思政元素融入设计：基于课上小组讨论的成果，以作为当代大学生，如何在推动构建人类命运共同体方面做贡献为主题，创作一篇250字左右的英文作文。本环节帮助学生认识当今世界存在的潜在隐忧，增强携手迎接挑战、构建人类命运共同体的中国理念。

（五）教学反思

（1）通过课程教学和思政融入，学生全面掌握了文本语言知识，形成了表达能力，提高了思辨能力。然而，有限的线下课堂时间不能保证每位同学有机会分享自己的个人学习成果。教师可通过提前在平台上开放学习成果展示，以便每位同学能及时互相学习借鉴，取长补短；同时也便于教师随时了解学生的学习情况，实施有针对性的线下教学。

（2）教师通过组织学生分享反映舍己为人等中华传统美德的故事，参与关于人性善恶观的小组讨论活动，以润物无声的方式帮助学生树立正确的人生观、价值观，坚定文化自信。但是，相比专业知识教学效果的考核与评价，课程思政目标的考核尚未形成体系，教师需要进一步探索思政考评途径与方法，将课程思政教学评价整合于总体课程评价之中，将思政元素融入课堂活动、作业布置和评价标准，全面考核学生课程目标的达成情况。

四、课件

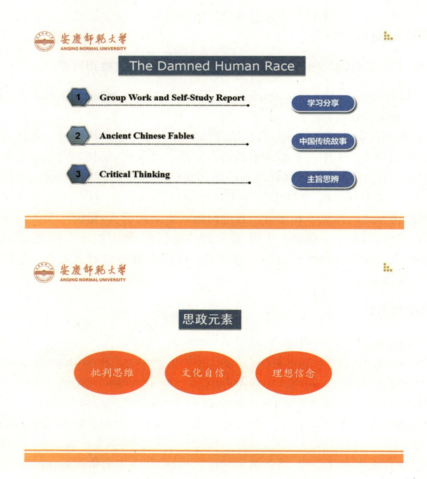

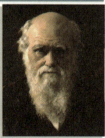

Human race should be classified as "lower/lowest animals" rather than the formerly known "higher animals."

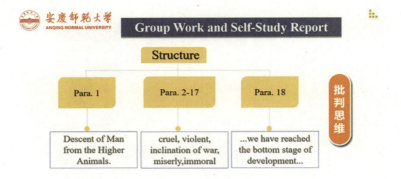

Critical Thinking

Group discussion:

Do you agree with Mark Twain?

What do you think of the nature of human race?

批判思维

Critical Thinking

Community of Shared Future for Mankind

Kindness · love · morality

理想信念

Assignment

- Supplementary reading: Text B *A String of Beads*.
- Please extend your critical thinking about human nature into a 250-word composition on how to contribute to the construction of a Community of Shared Future for Mankind as a college student.

理想信念

"中国历史地理"课程思政教学设计案例

一、课程简介

1. 课程性质

中国历史地理为历史学专业核心课程之一,34学时,2学分,主要面向历史学专业本科三年级学生开设,其先修课程为中国通史。

2. 课程内容

本课程秉持尽全时空、人地互动的学术理念,系统介绍当前中国历史地理研究基础理论及发展现状,分专题讲解中国历史时期的气候、植被、野生动物、江河湖沼、沙漠、海岸成陆、民族与边疆、政区沿革、军事地理、经济区域、农作物分布、都城与工商城市、交通线路、历史人口与移民、文化重心与风俗区、历史地理文献与古地图等内容。

3. 授课教师

沈志富,历史学博士,副教授。主持各级各类科研项目6项,发表论文20余篇,主持省级课程思政示范课程"中国历史地理"、校级教研项目"新文科建设背景下中国历史地理课程应用性教学改革与探索"等教研类课题多项。

二、课程思政资源分析

(一)课程思政建设目标

本课程旨在通过历史地理学学科理论与专题知识的教学实践,帮助学生学习运用马克思主义世界观和方法论,从历史与现实、理论与实践等多维视角加深对习近平新时代中国特色社会主义思想意涵的理解;结合专业知识教学引导学生感悟并践行社会主义核心价值观,自觉弘扬中华优秀传统文化,增强专业素质,养成良好品德。

思政目标1:坚定文化自信。通过沿革地理体量宏大、内容丰富、一脉相承的发展史的学习,加深对传统舆地之学的认知和理解,进一步增强专业认同。顾颉刚、谭其骧、侯仁之、史念海等老一辈学人筚路蓝缕,创立中国特色、中国风格的历史地理学科,其过程之艰辛、成就之卓著、影响之广泛,在感染学生的同时,亦当能促发他们对构建中国特色学科体系、学术体系、话语体系的自信。

思政目标 2:践行生态文明。通过历史气候变迁、野生动植物分布变迁、黄河下游河道变迁以及北方沙漠化问题的历史考察,激发学生探索自然史的志趣,养成尊重自然规律、培育环保意识的习惯,加深对"两山"理论历史逻辑与现实意义的理解;结合生态环境保护与开发的显著成就,客观评价新中国可持续发展道路探索与建设历程及其彰显的制度优势,深刻领会生态文明思想的深远意义。

思政目标 3:厚植家国情怀。通过历代疆域变迁过程,特别是近代国土沦丧一节的学习,激发学生爱国主义情感,增强为中华之崛起而读书的自觉意识;从疆域变迁原因中深入体察汉族和少数民族共同缔造伟大祖国统一辽阔疆域的史实,筑牢中华民族共同体意识。

思政目标 4:弘扬科学精神。通过学习古地图知识,了解中国古代制图技术的发展成就;通过史地经典文献的梳理,认识浩如烟海的古代科学典籍;通过明清以来绘图技术与世界先进水平的差距分析以及近几十年来中国计算机制图技术、CHGIS 的进展与跨越,激励学生奋发图强、学术报国的斗志。

(二) 课程思政融入方式

(1) 教学渗透。找准思政素材与专业知识的契合点,通过课堂讲授循序渐进渗透相关知识和意识。如"导论"部分讲述历史地理学发展史时分三个时段介绍:传统时期,《禹贡》是世界最早的区域人文地理著作;近代时期,顾颉刚发起成立"禹贡学会",知识分子应对边疆危机主动走出书斋、调查研究边疆史地,体现了责任、担当与使命;现代时期,谭其骧与《中国历史地图集》的编绘则体现了集体智慧的结晶以及新中国集中力量办大事的协同攻关优势。再如"第二章""第三章"介绍森林植被与珍稀野生动物分布范围由广阔到局促的变化过程,引导学生反思人类活动对动植物分布变迁的影响并思考生态文明建设的价值。"第七章"讲述历史时期疆域盈缩以及民族分布的变化,从中可见我国辽阔疆域的缔造以及统一多民族国家的形成是各民族共同参与的结果,植根于民族团结、和谐互助的共同体意识。以上几例基于课程思政元素的挖掘,厘清思政元素与专业内容之间的关系,做到在课堂教学中自然融入,达到润物无声的效果。

(2) 案例引入。通过介绍现实案例,将课程思政目标引入教学过程。如"第一章"讲解历史气候变迁时首先介绍近年全球气候异常现象、电影《2012》《后天》以及气候变化《巴黎协定》在中美两国不同境遇等生动案例,让学生产生强烈的切身感受和身临其境的现场感,引发对历史时期气候变迁话题的探讨。通过解读竺可桢的名篇《中国近五千年来气候变迁的初步研究》,帮助学生探究考察历史气候变迁的路径。由此循序渐进,分析近五千年来气候变化的趋势、规律、原因、影响,让学生领会尊重自然、人地互动的要义。

(3) 课堂讨论。借助翻转课堂,开展讨论式教学。课前发布相关教学内容及思政素材给学生自学,课中分组汇报讨论。如在"第五章"的教学中,课前布置学生预习历史时期中国沙漠化的成因及主要沙漠的变迁、西北丝绸之路的兴衰与沙漠化、古代北方农牧业分界线推移与沙漠化等教材内容,辅以阅读《侯仁之先生与沙漠历史地理研究》《沙漠考古通论》等参考资料,观看纪录片《库布其之路》等做好课前准备。课堂上围绕"一带一路"倡议,通过地质、历史、现实等诸多维度,探寻沙漠化成因、影响以及沙尘暴治理的对策与效果。通过交流讨论,加深对沙漠治理的艰辛不易与伟大成就的认识,深刻理解一代又一代人接续奋斗的责任与使命,讲好中国生态环境治理的故事。

(4)延伸阅读。根据课程相关专题内容特点,以学生关注的现实问题为切入点,鼓励学生以个人或团队形式结合课程内容作延伸性阅读或研究,引导学生自主学习思考、探究国计民生热点,促进思政与专业相长,达到事半功倍的育人效果。例如,在"导论"章节课后推荐学生阅读谭其骧传记《悠悠长水》、在"政区沿革"章节推荐阅读胡阿祥《吾国与吾名:中国历代国号与古今名称研究》、在"历史人口与移民"章节建议有条件的学生去查阅其家族族谱了解家族源流与迁徙等,让学生从不同方位走入历史地理现场,感受本门课程的情感与温度。

三、教学案例展示

历史时期黄河河道的变迁

本节内容是历史时期东部平原水系变迁的一部分。历史时期中国江河湖沼的地貌形态和水文状况发生了巨大变化。史料显示,黄河下游在过去 3000 年决口达 1500 多次,较大改道有二三十次,黄河下游的湖沼多数由大变小乃至淤灭。其河湖演变既有地貌、地质、气候等自然因素的制约,也有人为因素的作用。

(一)教学目标

1. 情感态度与价值观目标

(1)通过对历代河源认识的探寻,领略黄河作为母亲河对中华民族与中华文明的历史价值和独特意义;

(2)通过对历史上黄河河道变迁与治理及其对黄淮海平原与中国历史进程影响的梳理分析,理解当代中国建设生态文明的战略深意和实践价值。

2. 知识与技能目标

(1)通过对历朝历代不断遣使探求河源的史实梳理,了解以都实、朱思本、阿弥达等为代表的河源考察者的主要观点及贡献。

(2)通过对黄河下游河道主要发展阶段及特点的分析,掌握汉志大河、东汉大河、明清大河等河道状况,王景、潘季驯等治河能工,千年安流、悬河、夺淮入海、铜瓦厢决口等重要概念知识。

(3)通过对黄河下游河道变迁原因及影响的分析,理解历史时期黄河河道变化的频繁及复杂性。

3. 过程与方法目标

（1）通过介绍古人对河源循序渐进的探寻历程，从认识论角度了解科学知识和认识逐步深化的过程。

（2）通过分析黄河下游河道变迁及其整治情况，从方法论角度理解黄河河道变迁不是纯粹的水利问题，而是与历史时期的自然环境、经济文化、国家治理、思想观念等有着错综复杂的互动关联。

（二）教学重难点

教学重点：河源认识变迁；黄河下游河道变迁的过程及特点。

教学难点：黄河下游河道变迁的规律；黄河下游河道变迁的治理；黄河治理的经验及教训。

（三）教学方法、教学资源

教法：讲授法、讨论法。
学法：自主学习、合作学习、探究学习。
教学资源：
（1）姚汉源.黄河水利史研究[M].郑州：黄河水利出版社，2003.
（2）岑仲勉.黄河变迁史[M].北京：中华书局，2004.
（3）纪录片《黄河》。
（4）慕课"中国历史地理"，北京大学韩茂莉教授主讲。

（四）教学过程

教学环节一：导入新课

展示黄河各河段地形地貌图及《黄河大合唱》经典乐曲导入新课，简介黄河概况及其多元性特点。

思政元素融入设计：黄河是我国第二长河、世界第六长河，她像一条金色巨龙，横卧在北中国大地。同时她也是一条伟大的母亲河，哺育了我们独具特色、绵延不绝的东方文明。黄河流域是中华文明最早的发祥地，其中下游地区很长时期一直是我国的政治、经济和文化中心。通过介绍和展示教学资料，引导学生认知黄河的独特历史意义，激发学生对祖国山川的热爱之情。

教学环节二：新课讲授

知识点一：历代对河源认识的变迁。
（1）古代"河出昆仑"及"伏流重源"的臆说。
（2）晋、唐时期对青海河源地区的初步认识。
（3）元、明、清三代对河源地区的考察与成就。

(4) 新中国河源科学考察的显著成就。

思政元素融入设计：河源问题既是一个探索自然的科学问题，也是一个关乎文明演进的社会命题。让学生从中认识到黄河在古人心目中的崇高地位，也可见新中国河源考察事业的显著成就，从而进一步增强制度和文化自信。

知识点二：黄河下游河道的变迁过程。

（1）基本特点：决溢、改道。结合黄河下游河道变迁图详细讲解。

（2）基本表现：见下表。

黄河下游河道变迁的主要表现

序号	时间段	主要表现
1	公元前4世纪（战国中叶）以前	【先秦北流】观察山经、禹贡、汉志大河走向
2	公元前4世纪~公元初年（战国中期至西汉末）	【河徙增多、河患严重】
3	公元1~10世纪（东汉至唐末）	【千年安流】东汉大河
4	公元10世纪~1127年（唐末至北宋末）	【悬河、决口】东派、北派
5	1128年~16世纪中叶（金元至明嘉靖万历时）	【夺淮入海】
6	16世纪中叶~1855年（清咸丰五年）	【明清大河】潘季驯治黄
7	1855年（清咸丰五年）~20世纪50年代以前	【铜瓦厢决口】

（3）主要泛道及其治理：从历史上曾经出现的数十条黄河泛道看，由利津入海的东汉大河和由徐州会泗夺淮入海的明清大河，流经时间最长。

课堂互动：历史时期黄河反复决口改道，投入巨资却未有效治理，原因是什么？新中国建立后短短几十年基本根除了河患，变害为利，原因又是什么？

思政元素融入设计：通过黄河河道变迁与治理过程的梳理，让学生深刻感受到历史上黄河河道的复杂性、决河的破坏性、治理的艰巨性以及树立正确的人地关系的重要性。通过古今对比及课堂讨论，从人地互动和自然道德关怀视角出发，引导学生科学认识黄河变迁规律，领悟新中国探索实施上中下游流域综合治理的科学智慧，牢固树立自然环境保护和可持续发展的意识。

教学环节三：课堂总结

知识点三：黄河下游河道变迁原因及影响分析。

（1）原因分析：历史上黄河改道的自然因素包括土壤、气候等方面；根本原因在于中游水土流失和下游防御不力、治理不当。

（2）影响分析：历史时期黄河不断决口、泛溢和改道对下游平原地理环境产生深远影响。

（3）梳理归纳本课时的知识要点。

思政元素融入设计：历史观照现实。历史时期中国东部平原的水系变迁是自然演变与人类社会影响的共同产物，其经验与教训对当下生态文明建设起到重要借鉴。新中国时期采取的黄河上中下游综合治理方略是科学的、有效的、以人民为中心的治理策略。由此引导学生树牢生态文明理念,在尊重河流伦理的前提下合理利用自然资源为人类社会发展服务。

教学环节四:课后作业

(1) 拓展阅读:

① 葛剑雄.黄河与中华文明[M].北京:中华书局,2020.

② 王渭泾.历览长河:黄河治理及其方略演变[M].郑州:黄河水利出版社,2009.

(2) 课后思考:举例说明黄河河道变迁对中国古代社会发展的影响。比较黄河古今治理方略,谈谈黄河科学治理及生态文明建设的历史意义。

(五) 教学反思

本节课结合板书、图片、视频讲解,较为生动直观,学生能够认识和理解黄河在历史上令人叹为观止的桀骜不驯和反复变迁的过程。学生通过课堂交流讨论,加深了从黄河历史变迁中获得的启示及其对当代生态环境保护问题的认识,也从黄河治理的古今比较中进一步增强对当代中国的自信力。后续教学可尝试小组报告等形式,发掘更多思政元素,扩大学生参与课堂交流的范围,进一步优化教学效果。

四、课件

思政元素

家国情怀　　文化自信　　生态文明　　科学精神

导入新课

中华文明的发祥地，伟大的母亲河

◆壶口瀑布（交响乐《黄河大合唱》）

家国情怀

新课讲授

一、历代对河源认识的变迁

（1）古代"河出昆仑""伏流重源"的臆说
（2）晋唐时期对青海河源地区的初步认识
（3）元明清三朝对河源地区的考察与成就
（4）建国后对黄河河源的考察及再认识

文化自信

二、黄河下游河道变迁过程及其治理

新课讲授

1. 基本特点：决溢、改道

◆ 浊河"河水重浊,号为一石而六斗泥"。

◆ 黄河下游决口泛滥见于20世纪50年代以前历史记载的有1500余次,较大的改道有二三十次。

二、黄河下游河道变迁过程及其治理

新课讲授

2. 基本表现

序号	时间段	主要表现
1	公元前4世纪（战国中叶）以前	【先秦北流】观察山经、禹贡、汉志大河走向
2	公元前4世纪～公元初年（战国中期至西汉末）	【河徙增多、河患严重】
3	公元1～10世纪（东汉至唐末）	【千年安流】王景、东汉大河
4	公元10世纪～1127年（唐末至北宋末）	【悬河、决口】东派、北派
5	1128年～16世纪中叶（金元至明嘉靖万历时）	【夺淮入海】
6	16世纪中叶～1855年（清咸丰五年）	【明清大河】潘季驯治黄
7	1855年（清咸丰五年）～20世纪50年代以前	【铜瓦厢决口】

二、黄河下游河道变迁过程及其治理

新课讲授

3. 主要泛道及其治理

◆ 从历史上的数十条黄河泛道看,由利津入海的**东汉大河**和由徐州会泗夺淮入海的**明清大河**,流经时间最长。前约800年,后约500年。

> 课堂互动：
> 历史时期黄河反复决口改道,投入巨资却未有效治理,原因是什么？新中国建立后短短几十年基本根除了河患,变害为利,原因又是什么？

生态文明

新课讲授

三、黄河河道变迁原因及影响分析

1. 原因之一
◆ 黄河流域的土壤、气候及河道坡度是下游常决和改道的自然因素。

2. 原因之二
◆ 历史上黄河改道的根本原因在于：中游水土流失和下游防御不力、治理不当。

科学精神

3. 影响
◆ 黄河河道变迁对黄淮海平原地理环境（土壤、水系、地表等）造成了深远影响。

思考/拓展

1. 拓展阅读

葛剑雄、黄河与中华文明[M].北京:中华书局，2020.

王渭泾、历览长河：黄河治理及其方略演变[M].郑州：黄河水利出版社，2009.

2. 课后思考

举例说明黄河河道变迁对中国古代社会发展的影响。

比较黄河古今治理方略，从中探究生态文明建设的历史意义。

课程思政教学设计案例选编（第一辑）

理 工 篇

"数值分析"课程思政教学设计案例

一、课程简介

1. 课程性质

数值分析是数学与应用数学专业的专业核心课,第六学期开设,共 68 学时(理论学时 51,实验学时 17),3.5 学分。

2. 课程内容

数值分析是将数学理论与计算方法紧密结合,研究用计算机求解各种数学问题的数值计算方法及其理论与软件实现的一门课程。该课程内容丰富且实践性强,研究方法深刻又有自身的理论体系。主要内容包括插值方法、函数逼近、数值积分与微分、线性方程组数值解法、非线性方程数值解法以及常微分方程初值问题数值解法。

3. 授课教师

陈素根,博士,教授,主讲数值分析、数学分析和模式识别等课程,主持安徽省质量工程项目 2 项和安徽省教学示范课 1 门,曾获安徽省普通高校青年教师教学竞赛理科组二等奖、安庆师范大学首届课程思政教学设计大赛教学赛理科组一等奖和安庆师范大学教坛新秀称号等。

二、课程思政资源分析

(一) 课程思政建设目标

以习近平新时代中国特色社会主义思想为指导,将马克思主义立场观点方法的教育与科学精神、探索创新精神的培养结合起来,注重科学思维方法的训练和科学伦理的教育,培养学生探索未知、追求真理、勇攀科学高峰的责任感和使命感。强化独立思考、协同创新和团队合作意识,提高学生正确认识问题、分析问题和解决问题的能力。

思政目标1：家国情怀。融入中国传统文化和爱国主义教育，培养学生的爱国情怀和文化自信，增强学生为祖国奋斗的使命感和对社会主义核心价值观的认同感。

思政目标2：科学思维。融入马克思主义哲学思想和数学美学教育，引导学生深刻理解蕴含在数值分析里的辩证思想，培养学生运用马克思主义立场观点方法观察世界和认识世界，奠定科学思想基础，培养科学思维。

思政目标3：科学伦理。融入科学精神和科学伦理教育，激发学生学习和研究兴趣，引导学生勇于实践和团结协作，培养学生协同创新和团队合作意识，形成从事科学研究的良好习惯。

思政目标4：价值追求。融入数学家励志故事、爱岗敬业和为人处世的道理，激发学生对人生价值追求的热情，增强学生追求真理、攻坚克难和勇攀科学高峰的勇气。

（二）课程思政融入方式

课程思政本质上是德育教育，目标是实现立德树人。推进课程思政建设，要解决好专业教育和思政教育如何有机融合的问题，在数值分析课程教学中主要运用教学渗透、案例示范、故事分享、课堂讨论、拓展阅读和课堂展示等方式，将思政目标逐一实现。

（1）爱国主义教育元素的融入。通过教学渗透的方式，将爱国主义教育元素融入课程教学中。我国古代数学家在世界数学研究中取得了辉煌成就，如秦九韶的《数书九章》、朱世杰的《四元玉鉴》和刘徽的《九章算术注》等。通过播放《厉害了，我的国》等视频，用榜样的力量激发学生爱国主义和自豪感，增强学生为祖国奋斗的使命感和对社会主义核心价值的认同感。

（2）马克思主义哲学思想的融入。通过案例示范的方式，将马克思主义哲学思想融入课程教学中。误差分析是数值分析课程中非常重要的问题，误差无法避免，既要允许误差又要控制误差，这本身就是一种矛盾和辩证的关系。在近似计算过程中，每一步的计算误差可能比较小，但误差会累积与传播，导致最终计算的结果误差很大。播放视频《科学重器，失之毫厘，谬以千里：一秒之差竟然影响这么大》帮助理解误差的概念，培养学生运用马克思主义立场观点方法观察世界和认识世界，奠定科学思想基础，培养科学思维。

（3）科学精神和科学伦理的融入。通过拓展阅读的方式，将科学精神和科学伦理融入课程教学中。数值分析课程中很多算法之间是相互关联的，通过循序渐进的过程讲解，体现科学研究永无止境。插值法包含拉格朗日插值、牛顿插值、埃尔米特插值和样条插值等，且新的插值方法不断涌现，以此为基础的曲线曲面造型在诸多领域有广泛应用。鼓励学生积极拓展阅读，开展力所能及的科学研究，融入科学精神和科学伦理方面的思政元素，激发学生学习热情和研究兴趣，培养学生勇于探索创新的精神，形成从事科学研究的良好习惯。

（4）爱岗敬业和为人处世的道理的融入。通过课堂讨论的方式，将为人处事的道理融入课程教学中。插值问题要求所构造的插值多项式严格插值每一个插值节点，这导致在高次多项式插值中可能出现龙格现象；而曲线拟合问题不要求所构造的多项式完全插值所有节点，可能所构造的曲线效果更好，更符合实际需求。这就像我们在做人做事中一样，遇事不能过于强求，适当地的退让，往往会取得更好的结果。非线性方程求根问题中,迭代法求解过程就是不断逼近精确解,就像我们爱岗敬业一样也是在不断追求完美,只要认准了目标就必须为实现目标而坚持不懈努力奋斗。

(5) 数学家励志故事的融入。通过故事分享的方式,将数学家励志故事融入课程教学中。数值分析课程中很多数学公式、定理和算法是以科学家名字命名的,适当用这些伟大数学家的励志故事来激励同学们好好学习,实现教书育人的目标。在讲解高斯公式时,分享"数学王子"高斯的励志故事;在讲解欧拉法时,分享"应用数学大师"欧拉的励志故事。重点介绍我国伟大数学家的励志故事,如被誉为"人民的数学家"华罗庚先生等。通过介绍这些与数学密切相关的人和事,分享伟大数学家们追求真理、攻坚克难的励志故事,鼓励学生们为国奋发图强,勇攀科学高峰。

(6) 数学美学教育的融入。通过课堂展示的方式,将数学美学教育融入课程教学中。利用数学软件和编程绘图,通过课堂展示让同学们感受数学的简单美、对称美和唯一美,促进科学素质教育与人文素质教育有机结合,提高学生的综合素养。

三、教学案例展示

拉格朗日插值法

插值法是数值分析中的最基本方法之一,主要是根据离散数据构造简单且易于计算的函数代替原有的复杂函数,在实际问题中有广泛的应用。插值法的具体内容有拉格朗日插值、牛顿插值、埃尔米特插值和样条插值等,而拉格朗日插值是一种常用的多项式插值法,为该课程后续内容提供理论基础。本案例主要针对"拉格朗日插值法"进行教学设计,充分挖掘课程思政元素并巧妙融入教学过程中,激发学生的学习和研究兴趣,培养学生提出问题、分析问题和解决问题的能力。

(一) 教学目标

1. 情感态度与价值观目标

(1) 通过插值法在中国的发展、现状及应用情况介绍,感知我国悠久的数学文化,增强对社会主义核心价值观认同感。

(2) 通过插值法的理论、构造及实现流程的学习,体验科学研究精神,激发学习和研究兴趣,形成良好的学习习惯和从事科学研究的态度。

2. 知识与技能目标

(1) 通过拉格朗日插值法相关概念和理论的学习,掌握拉格朗日插值多项式及插值余项与误差估计。

(2) 通过拉格朗日插值法的算法流程及编程的学习,提高学生的综合素养和创新意识。

3. 过程与方法目标

（1）通过插值法背景介绍，了解插值法的产生、发展、现状和应用。

（2）通过拉格朗日插值法概念、理论和算法的学习，培养学生提出问题、分析问题和解决问题的能力。

（二）教学重难点

教学重点：拉格朗日插值多项式概念、算法及实现。
教学难点：拉格朗日多项式插值余项与误差估计。

（三）教学方法、教学资源

教法：讲授法、讨论法、演示法。
学法：学思结合法、学练结合法、合作探究法。
教学资源：

（1）李庆扬，王能超，易大义. 数值分析[M]. 5版. 北京：清华大学出版社，2008.

（2）朱晓临. 数值分析[M]. 2版. 合肥：中国科学技术大学出版社，2016.

（3）萨奥尔. 数值分析[M]. 2版. 裴玉茹，马赓宇，译. 北京：机械工业出版社，2014.

（4）任玉杰. 数值分析及其 MATLAB 实现（MATLAB 6.X，7.X 版）[M]. 北京：高等教育出版社，2007.

（5）中国大学 MOOC"数值分析"（邵新慧，史大涛，冯男，等）：https://www.icourse163.org/course/NEU-1002089009? from=searchPage.

（四）教学过程

教学环节一：新课导入

通过问答的形式，让同学们了解插值法的产生、发展、现状和应用背景。

提出问题：大家是否了解插值法在我国的研究现状？

先引导学生回答，再总结提升。插值法是一种古老的数学方法，源于实践，在6世纪，隋朝刘焯将等距节点二次插值应用于天文计算。元代数学家朱世杰所著《四元玉鉴》中的高次内插法，早于拉格朗日等西方数学家提出的拉格朗日插值、牛顿插值等数百年。现代机械工业中，以插值法为基础的曲线曲面造型方法在现代工业制造中应用广泛，我国多所高校院所对3D打印技术开展了研究，丰富的研究成果支撑中国3D打印产业位于世界领先地位。

提出问题：插值法在实际问题中有哪些应用？

先引导学生回答，再总结提升。天气预报或工程问题中的观测数据处理、数控加工中的刀具路径规划、建筑工程中的外观设计和机器臂运行轨迹等。

思政元素融入设计：通过插值法的产生、发展历程、研究现状和应用背景的介绍，让学生对中国悠久的数学文化和当代中国科学技术的发展有进一步的了解，激发学生的学习热情和从事科学研究的兴趣,培养学生的爱国情怀,增强民族自豪感和对社会主义核心价值观的认同感。

教学环节二:新课讲解

(1) 线性插值与抛物插值。

由简到繁,先介绍线性插值与抛物插值的构造过程,再自然引出拉格朗日插值的相关概念与理论。

线性插值是多项式插值最简单形式,根据直线方程的点斜式得

$$P(x) = y_0 + \frac{y_1 - y_0}{x_1 - x_0}(x - x_0)$$

可推出

$$P(x) = y_0 \frac{x - x_1}{x_0 - x_1} + y_1 \frac{x - x_0}{x_1 - x_0}$$

为了便于推广,记

$$l_0(x) = \frac{x - x_1}{x_0 - x_1}, \quad l_1(x) = \frac{x - x_0}{x_1 - x_0}$$

称为线性插值基函数。于是,线性插值可表示为基函数的线性组合

$$P(x) = y_0 l_0(x) + y_1 l_1(x)$$

抛物插值也是多项式插值的一种常见形式,构造抛物插值基函数:

$$l_0(x) = \frac{(x - x_1)(x - x_2)}{(x_0 - x_1)(x_0 - x_2)}$$

$$l_1(x) = \frac{(x - x_0)(x - x_2)}{(x_1 - x_0)(x_1 - x_2)}$$

$$l_2(x) = \frac{(x - x_0)(x - x_1)}{(x_2 - x_0)(x_2 - x_1)}$$

于是,抛物插值可表示为基函数的线性组合:

$$P(x) = y_0 l_0(x) + y_1 l_1(x) + y_2 l_2(x)$$

(2) 拉格朗日插值多项式。

给定 $n+1$ 个不同的插值点 $x_0 < x_1 < \cdots < x_n$ 时,如何构造 n 次插值多项式 $L_n(x)$,满足插值条件:

$$L_n(x_j) = y_j, \quad j = 0, 1, \cdots, n$$

定义 1 若 n 次多项式 $l_j(x)(j = 0, 1, \cdots, n)$ 在 $n+1$ 个节点 $x_0 < x_1 < \cdots < x_n$ 上满足条件

$$l_j(x_k) = \begin{cases} 1, k = j, \\ 0, k \neq j, \end{cases} \quad j, k = 0, 1, \cdots, n$$

称这 $n+1$ 个 n 次多项式 $l_0(x), l_1(x), \cdots, l_n(x)$ 为节点 $x_0, x_1, \cdots, x_n$ 上的 n 次插值基函数。

用类似于线性插值和抛物插值的推导过程,可得 n 次插值基函数为

$$l_k(x) = \frac{(x - x_0) \cdots (x - x_{k-1})(x - x_{k+1}) \cdots (x - x_n)}{(x_k - x_0) \cdots (x_k - x_{k-1})(x_k - x_{k+1}) \cdots (x_k - x_n)}, \quad k = 0, 1, \cdots, n$$

满足插值条件的插值多项式 $L_n(x) = y_0 l_0(x) + y_1 l_1(x) + \cdots + y_n l_n(x)$，称 $L_n(x)$ 为拉格朗日(Lagrange)插值多项式。

演示：给定 $n+1$ 个节点 $x_0 < x_1 < \cdots < x_n$，编程绘制拉格朗日插值基函数图形。图 1 给出了给定节点 $1,2,3,4,5,6$ 的五次拉格朗日插值基函数示意图。

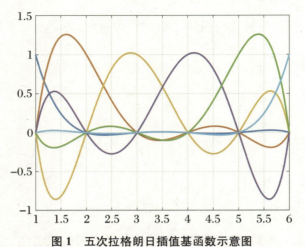

图 1　五次拉格朗日插值基函数示意图

讨论：拉格朗日插值多项式实现流程。图 2 给出了拉格朗日插值法的流程图。

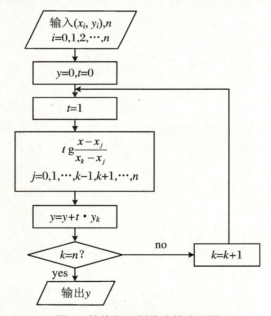

图 2　拉格朗日插值法的流程图

思政元素融入设计：通过分析拉格朗日插值基函数公式，演示基函数图形的绘制过程，展示数学之美——简单美、对称美和唯一美。将数学美学教育融入教学过程中，让学生感受数学美，激发学生的学习兴趣。通过对拉格朗日插值法算法流程的分析和讨论，鼓励学生动手编程实现，培养学生的编程实践能力，提高学生的综合素养。

(3) 插值余项与误差估计。

在拉格朗日插值多项式基础上,给出插值余项与误差估计的概念与理论。

定义 2 若在区间 $[a,b]$ 上用 $L_n(x)$ 近似 $f(x)$,则其截断误差为
$$R_n(x) = f(x) - L_n(x)$$
称为插值多项式的余项。

定理 1 如果函数 $f^{(n)}(x)$ 在 $[a,b]$ 上连续,$f^{(n+1)}(x)$ 在 (a,b) 内存在,对于节点 $a \leqslant x_0 < x_1 < \cdots < x_n \leqslant b$,$L_n(x)$ 为满足插值条件的拉格朗日插值多项式,则对任何 $x \in [a,b]$,插值余项为
$$R_n(x) = f(x) - L_n(x) = \frac{f^{(n+1)}(\xi)}{(n+1)!}\omega_{n+1}(x)$$
这里 $\xi \in (a,b)$ 且依赖于 x,$\omega_{n+1}(x) = (x-x_0)(x-x_1)\cdots(x-x_n)$。

证明过程略,教学过程中结合板书推导。

思政元素融入设计:通过对定理内容分析,给出详细的证明过程,让学生理解数学证明和研究过程的严谨性;进一步分析定理的结论,增强对插值余项的理解,随着插值多项式次数的变化,插值多项式的截断误差限也是不断变化的。融入科学研究精神,通过分析插值多项式的截断误差实现对多项式插值误差的精确控制,理解精益求精的科学精神。

(4) 举例说明与应用拓展。

例 1 已知 $y = f(x)$ 的观测数据:

x	-2	-1	2	3	4
$f(x)$	53	11	5	43	161

求四次拉格朗日插值多项式 $L_4(x)$。

解题过程略,教学过程中结合板书推导。

图 3 给出了四次拉格朗日插值基函数图形,图 4 给出了四次拉格朗日插值多项式曲线。

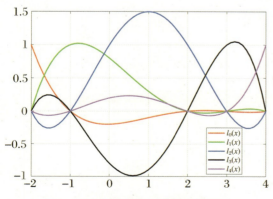

图 3 四次拉格朗日插值基函数图形

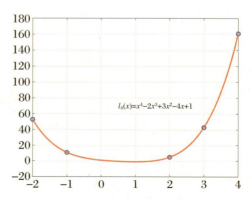

图 4 四次拉格朗日插值多项式

探究：观察安庆市一周的气温数据，预测未来几天的气温趋势。

思政元素融入设计：先通过具体例子，实现四次拉格朗日插值多项式的求解和编程实现；再结合气温预测实际问题，让学生探究如何利用拉格朗日插值多项式来实现气温趋势预测。通过例题分析和实际探究，提高学生提出问题、分析问题和解决问题的能力，激发学生的研究兴趣，培养学生勇于实践和探索的精神。

教学环节三：课程小结

本节主要介绍了线性插值与抛物插值以及拉格朗日插值基函数、拉格朗日插值多项式、插值余项与误差估计问题，举例说明了拉格朗日多项式插值的求解问题，并编程实现。

（五）教学反思

通过本节内容的学习，使学生理解拉格朗日插值基本概念，掌握拉格朗日插值多项式及其插值余项与误差估计问题，并编程实现。通过将课程思政元素与知识点相结合教学，改进教学方法，有利于让学生了解中国悠久的数学文化和中国现代科学技术的发展，激发学生的学习和研究兴趣，培养学生提出问题、分析问题和解决问题的能力，提高学生的综合素养和创新意识。如何将课程思政元素自然合理地融入数值分析课程各章教学内容中，切实改善教学效果仍需要深入研究。

四、课件

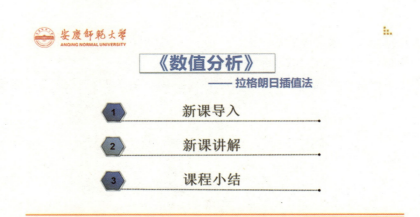

1 新课导入

问1：插值法在我国的研究现状？

四元玉鉴　　　　　曲线曲面造型　　　　　3D打印

家国情怀

1 新课导入

问2：插值法在实际问题中有哪些应用？

外观设计　　　　　数控机床　　　　　机械臂

家国情怀

2 新课讲解

教学内容安排

线性插值与抛物插值 → 拉格朗日插值多项式 → 插值余项与误差估计 → 举例说明与应用拓展

线性插值与抛物插值

线性插值：

$$P(x) = y_0 + \frac{y_1 - y_0}{x_1 - x_0}(x - x_0)$$ 点斜式 $\Rightarrow$ $P(x) = y_0 \dfrac{x-x_1}{x_0-x_1} + y_1 \dfrac{x-x_0}{x_1-x_0}$ 基函数

记：$l_0(x) = \dfrac{x-x_1}{x_0-x_1}, l_1(x) = \dfrac{x-x_0}{x_1-x_0}$

$\Rightarrow P(x) = y_0 l_0(x) + y_1 l_1(x)$

基函数的线性组合

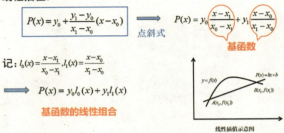

线性插值示意图

线性插值与抛物插值

抛物插值：

$l_0(x_0)=1, l_0(x_1)=0, l_0(x_2)=0,$
$l_1(x_0)=0, l_1(x_1)=1, l_1(x_2)=0,$
$l_2(x_0)=0, l_2(x_1)=0, l_2(x_2)=1,$

$\Rightarrow$ $l_0(x) = \dfrac{(x-x_1)(x-x_2)}{(x_0-x_1)(x_0-x_2)},$
$l_1(x) = \dfrac{(x-x_0)(x-x_2)}{(x_1-x_0)(x_1-x_2)},$
$l_2(x) = \dfrac{(x-x_0)(x-x_1)}{(x_2-x_0)(x_2-x_1)},$ 基函数

$\Rightarrow P(x) = y_0 l_0(x) + y_1 l_1(x) + y_2 l_2(x)$

基函数的线性组合

由简到繁，由特殊到一般

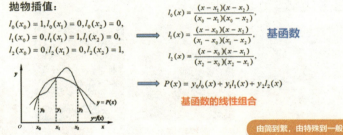

抛物插值示意图

拉格朗日插值多项式

定义1 若 n 次多项式 $l_j(x)$ $(j = 0,1,\cdots,n)$ 在 $n+1$ 个节点 $x_0 < x_1 < \cdots < x_n$ 上满足条件：

$$l_j(x_k) = \begin{cases} 1, & k=j, \\ 0, & k \neq j, \end{cases} \quad j,k = 0,1,\cdots,n$$

则称这 $n+1$ 个 n 次多项式 $l_0(x), l_1(x), \cdots, l_n(x)$ 为节点 $x_0, x_1, \cdots, x_n$ 上的 n 次拉格朗日插值基函数。

拉格朗日插值多项式

n 次插值基函数为：$l_k(x) = \dfrac{(x-x_0)\cdots(x-x_{k-1})(x-x_{k+1})\cdots(x-x_n)}{(x_k-x_0)\cdots(x_k-x_{k-1})(x_k-x_{k+1})\cdots(x_k-x_n)}$ — 基函数

满足插值条件的拉格朗日插值多项式为：

$$L_n(x) = y_0 l_0(x) + y_1 l_1(x) + \cdots + y_n l_n(x) = \sum_{k=0}^{n} y_k l_k(x)$$

引入记号：$\omega_{n+1}(x) = (x-x_0)(x-x_1)\cdots(x-x_n)$

$\Rightarrow \omega'_{n+1}(x_k) = (x_k-x_0)\cdots(x_k-x_{k-1})(x_k-x_{k+1})\cdots(x_k-x_n)$

基函数的线性组合

拉格朗日插值多项式为：

$$L_n(x) = \sum_{k=0}^{n} y_k \dfrac{\omega_{n+1}(x)}{(x-x_k)\omega'_{n+1}(x_k)}$$

拉格朗日插值多项式

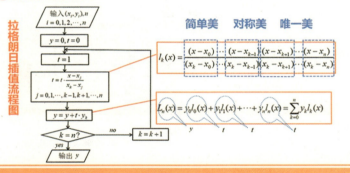

拉格朗日插值流程图

简单美　对称美　唯一美

$l_k(x) = \dfrac{(x-x_0)}{(x_k-x_0)}\cdots\dfrac{(x-x_{k-1})}{(x_k-x_{k-1})}\dfrac{(x-x_{k+1})}{(x_k-x_{k+1})}\cdots\dfrac{(x-x_n)}{(x_k-x_n)}$

$L_n(x) = y_0 l_0(x) + y_1 l_1(x) + \cdots + y_n l_n(x) = \sum_{k=0}^{n} y_k l_k(x)$

拉格朗日插值多项式

给定 $n+1$ 个节点 $x_0 < x_1 < \cdots < x_n$，编程绘制拉格朗日插值基函数图，下图给出了给定节点 $1,2,3,4,5,6$ 构造的基函数图形示意图。

演示：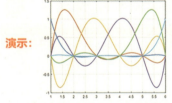 简单美、对称美、唯一美！

数学美

"数值分析"课程思政教学设计案例

插值余项与误差估计

定理1 设 $f^{(n)}(x)$ 在区间 $[a,b]$ 上连续，在 (a,b) 内存在，节点 $a \leqslant x_0 < x_1 < \cdots < x_n \leqslant b$，$L_n(x)$ 满足：
$$L_n(x_j) = y_j, \quad j = 0, 1, \cdots, n$$
的插值条件，则对任何 $x \in [a,b]$，插值余项为：
$$R_n(x) = f(x) - L_n(x) = \frac{f^{(n+1)}(\xi)}{(n+1)!}\omega_{n+1}(x)$$
这里 $\xi \in (a,b)$ 且依赖于 x，$\omega_{n+1}(x) = (x-x_0)(x-x_1)\cdots(x-x_n)$。

$$\max_{a \leqslant x \leqslant b}|f^{(n+1)}(x)| = M_{n+1}$$

$$|R_n(x)| \leqslant \frac{M_{n+1}}{(n+1)!}|\omega_{n+1}(x)|$$

科学精神

举例说明与应用拓展

例1. 已知 $y = f(x)$ 的观测数据：

x	-2	-1	2	3	4
$f(x)$	53	11	5	43	161

求四次拉格朗日插值多项式 $L_4(x)$。

$$L_4(x) = y_0 l_0(x) + y_1 l_1(x) + y_2 l_2(x) + y_3 l_3(x) + y_4 l_4(x)$$
$$= 53 l_0(x) + 11 l_1(x) + 5 l_2(x) + 43 l_3(x) + 161 l_4(x)$$
$$= x^4 - 2x^3 + 3x^2 - 4x + 1$$

四次拉格朗日插值基函数

四次拉格朗日插值多项式

科学思维

举例说明与应用拓展

探究： 观察安庆市一周的气温数据，预测未来几天的气温趋势。

探索精神

3 课程小结

本节主要介绍了线性插值与抛物插值以及拉格朗日插值基函数、拉格朗日插值多项式、插值余项与误差估计问题，举例说明了拉格朗日多项式插值的求解问题，并编程实现。

1 讲授法　　2 讨论法　　3 演示法

"数据结构"课程思政教学设计案例

一、课程简介

1. 课程性质

数据结构是计算机科学与技术等相关专业的一门专业核心课程,第三学期开课,共102学时[理论学时68(40线下,28线上),实践学时34],5学分。

2. 课程内容

课程主要介绍线性表、栈和队列、树和二叉树、图等常见的基本数据结构,以及递归、查找、排序等相关经典算法。具体如图1所示。

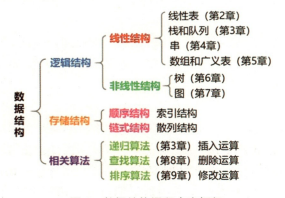

图1 数据结构课程内容框架

3. 授课教师

郑馨,博士,副教授,硕士生导师,主要承担计算机专业的数据结构、数字图像处理、深度学习等课程教学。主讲课程"数据结构"为安徽省线上线下混合式课程。曾获安徽省普通高校青年教师教学竞赛二等奖、安徽省本科师范院校教师智慧教学大赛二等奖以及安徽省线上教坛新秀称号等。

二、课程思政资源分析

（一）课程思政建设目标

数据结构课程是计算机相关专业的专业核心课程之一,是一门理论与实践相结合的课程。通过本课程的学习,提高学生分析问题、算法设计的科学思维能力,增强学生勇于探索的创新精神,培养学生精益求精的大国工匠精神,激发学生科技报国的家国情怀和使命担当。

思政目标 1:价值引导。弘扬社会主义核心价值观,引导学生树立正确的人生观、世界观和价值观,激发学生投身科研事业的激情和自信,鼓励学生勇攀世界科技高峰。

思政目标 2:工匠精神。培养学生追求卓越的创造精神、精益求精的品质精神、用户至上的服务精神,引导学生逐渐养成严谨的科研作风和精益求精的工匠精神。

思政目标 3:科学思维。培养学生的科学思维能力,包括抽象逻辑思维能力、创造性思维能力,通过学生合作探究,齐心协力,共同研讨解决问题,使学生的个性思维方式得到进一步优化,从而选择最佳的解决问题之道。

思政目标 4:工程伦理。让学生掌握工程伦理的基本规范,强化学生工程伦理教育,培养工程伦理意识和责任感,引导学生了解工程风险的可接受性,工程风险的防范与安全,深化学生道德教育,将风险进行有效防范。

思政目标 5:学术诚信。让学生了解剽窃他人成果、篡改捏造数据等学术不端的危害,培养学生的学术诚信意识和对真理的探索精神,让学生诚信做人、做事、做学问,培养高尚的道德品质。

思政目标 6:职业素养。培养学生的职业信念、职业知识技能、职业行为习惯等职业素养,提高产品思维、团队意识、分享意识、学习和总结能力、编码规范和文档规范意识。

（二）课程思政融入方式

（1）核心价值观教育的融入。通过分享那些发明各个经典数据结构算法的科学家的事迹和故事,引导学生崇尚科学,树立正确的人生观,弘扬社会主义核心价值观,以及对中国特色社会主义的道路自信、理论自信、制度自信、文化自信。例如,分享堆排序算法的发明者——斯坦福大学计算机科学系教授罗伯特·弗洛伊德从文学转至计算机领域的学术经历,鼓励学生自学成才;在介绍串的模式匹配算法时,引入中国在新冠疫情防控中的举措和成效,培养学生的民族自豪感和爱国情怀。

（2）创造性思维的融入。数据结构课程中有很多算法,不同数据结构和算法的时间复杂度和空间复杂度不同,需要我们根据实际需要选择最佳效率的数据结构和算法。例如,"贪吃蛇"是一款经典的休闲益智类手机游戏,从实现角度看,贪吃蛇是一种典型的线性结构,顺序表、单链表、循环队列和链队列这四种数据结构都可以作为贪吃蛇的结构体。需要学生通过课堂分组讨论,分析贪吃蛇移动操作的过程,进而对比不同数据结构实现的时空复杂度,最终选择最佳的解决方案;并通过前后所学知识的串联,不断优化思路,培养学生的科学思维能力。

(3) 学术诚信理念和工匠精神的融入。学术诚信是学术界基本的道德原则和规范,是学术界百花齐放的基本保障。可以通过案例示范,潜移默化影响学生,将学术诚信理念深深植入学生的心中。例如,在哈夫曼编码章节的课程导入中,可以先引入学术不端的例子,告诫学生任何学术不端行为都将受到严厉的惩戒措施;在算法的介绍中,可以介绍西安电子科技大学李云松教授团队数十年如一日的在星载图像视频压缩编码方面进行研究,"坚持做好一件事",培养学生甘心坐冷板凳、一心一意搞研究的工匠精神;在布置拓展阅读任务时,分享师昌绪院士在诚信做人、做事、做学问方面的故事,强化学术诚信理念。

(4) 职业素养的融入。代码整洁是程序员的必备职业素养之一。整洁的代码如同优美的散文,良好的代码风格,可以更容易找出错误,方便他人理解设计者的意图,还有利于团队合作,降低维护成本。例如理论课上介绍递归算法时,可以通过教学渗透充分展现算法的简洁之美,并让学生在汉诺塔问题、二叉树遍历、图的遍历等实际应用问题中体会代码之美;同时,可以通过一些代码上的小错漏导致整个程序崩溃的案例示范,让学生了解良好的编程习惯的重要性,并掌握代码调试、算法测试等程序员必备技能;另外,在实践环节和分组讨论中培养学生的团队协作能力,锻炼学生的代码规范和文档规范能力,培养程序员职业态度与素养。

三、教学案例展示

堆排序算法

本节课选自中国科学技术大学出版社出版的《数据结构与算法(C语言版)》(第2版)中第9章排序第9.5节"堆排序"。教材在前面已经安排了时空复杂度分析、线性表的顺序存储实现、完全二叉树的顺序存储实现、交换类排序算法中的简单选择排序等内容。在后续内容中安排了交换类排序、归并排序、基数排序等内容。堆排序是最常用、时空效率最高的排序算法之一。排序算法在各类排序问题中有着广泛的应用,如文献检索排序、奥运奖牌榜等。本节课的学习,使学生掌握堆排序的定义、步骤以及实现方法,让学生能够运用堆排序知识解决实际问题,为后续排序算法的学习奠定扎实的基础。

(一) 教学目标

1. 情感态度与价值观目标

(1) 通过介绍学术门事件始末和知网文献检索过程,让学生理解学术不端的危害和学术诚信的重要性。

(2) 通过详解 TopK 问题的不同解法,培养学生的科学思维能力与代码编写规范的职业素养。

2．知识与技能目标

（1）通过编码实现简化的文献检索排序，掌握解决实际问题的编程能力。

（2）通过文献排序关键代码和 TopK 问题求解等课堂分组讨论，培养学生的团队协作能力。

3．过程与方法目标

（1）通过堆排序算法与简单选择排序算法的对比，掌握选择类排序算法的核心思想，理解算法时空复杂度的概念和重要性。

（2）通过回忆完全二叉树的性质，掌握堆排序的概念，通过引导学生思考怎样建堆和如何进行堆排序，全方位掌握堆排序算法。

（二）教学重难点

教学重点：堆的概念和堆排序算法。
教学难点：TopK 问题的求解思路和时间复杂度分析。

（三）教学方法、教学资源

教法：讲授法、案例分析法、问答法、演示法、练习法、课堂讨论法。
学法：自主学习、探究学习、合作学习。
教学资源：

（1）程玉胜，等.数据结构与算法:C 语言版[M].2 版.合肥:中国科学技术大学出版社,2020.

（2）王曙燕，等.西安邮电大学《数据结构与算法》.中国大学 MOOC.

（3）郭炜.北京大学《程序设计与算法（一） C 语言程序设计》.中国大学 MOOC.

（4）程玉胜，等.安庆师范大学《数据结构》精品课程.

（四）教学过程

为了让学生在课堂上了解堆排序算法，将堆排序算法的前导知识——简单选择排序算法，放在课前线上自主学习环节。通过制作微课，学生从排序的基本概念、简单选择排序算法和算法性能分析，自学选择类排序算法的核心思想。并通过编程练习，掌握简单选择排序代码，为本节课的学习打下基础。

教学环节一：课程导入

教学内容：介绍学术门事件始末，从学术门事件引出知网，简要介绍知网和文献检索过程，分别展示按发表时间降序和被引频次降序排序之后的文献结果。最后，通过主题讨论引导学生挖掘身边常见的排序应用和相应的排序方式，如奥运奖牌榜、疫情排行榜等。

设计意图：通过案例导入，带领学生进入情境，了解排序的基本概念，并让学生了解学术诚信的重要性。

预设效果：学生在复习简单选择排序过程中，思考选择排序算法的不足，带着问题学习堆排序算法。

教学方法与手段：案例分析法、练习法。

思政元素融入设计：通过介绍学术门事件这一学术不端的典型事例，以及学术不端的具体行为，让学生了解学术不端的危害，培养学生学术诚信理念。通过介绍知网，鼓励学生努力科研，永攀高峰，为中国科学发展添砖加瓦；通过中国在奥运奖牌榜和疫情排行榜上的表现，引导学生了解世情国情，坚定中国特色社会主义道路自信、理论自信、制度自信和文化自信。

教学环节二：教学重点——堆排序算法讲解

教学内容：从什么是堆、怎样建堆、如何堆排序三个方面层层递进，由浅入深讲解堆排序算法。

设计意图：引导学生回忆完全二叉树的知识，深入理解堆的概念和堆排序的过程。

预设效果：学生用选择类排序思想，理解堆和排序过程的结合。

教学方法与手段：讲授法、问答法。

思政元素融入设计：堆的概念和堆排序算法与前导知识——完全二叉树的概念和性质紧密相关，通过回忆完全二叉树的相关知识，引导学生学会对所学知识不断整理归纳，培养学生持之以恒的工匠精神。通过什么是堆、怎样建堆、如何堆排序，让学生循序渐进掌握堆排序算法，培养学生的抽象思维能力。

教学环节三：教学难点——文献检索排序设计

教学内容：简化文献检索排序问题，给出代码框架并带领学生理解代码规范和编程要点，并让学生自行实现关键代码。

设计意图：让学生了解并掌握文献检索排序的基本流程和相关知识，并感受数据结构理论知识在在实际生活中的广泛应用。让学生在分组实现按不同关键字进行文献排序的关键代码中，深入理解堆排序算法和代码规范的重要性。

预设效果：学生通过分组讨论，掌握了堆排序关键代码，复习并熟练使用字符串比较函数。

教学方法与手段：讲授法、问答法、课堂讨论法。

思政元素融入设计：通过简化的文献检索排序问题，训练学生的抽象思维；通过分组任务，培养学生的团队合作能力；通过代码编程要点讲解和编程训练，让学生在实际工程应用问题中体会代码之美，培养代码规范意识；通过具体的代码调试过程，提升学生的程序员职业素养。

教学环节四：知识拓展——TopK 问题

教学内容：介绍知网中的"今日热词"功能，引出 TopK 问题及其在生活中的广泛应用。

设计意图：引导学生自行完成 TopK 问题每类解法的时间复杂度分析，利用今日所学的堆排序相关知识解决 TopK 问题。

预设效果：学生开展分组讨论，用今日所学的堆排序相关知识，用不同思路解决 TopK 问题。完成课堂练习，加深对堆排序的理解。

教学方法与手段：讲授法、问答法、课堂讨论法。

思政元素融入设计：鼓励学生一题多解，培养创造性思维和活学活用能力，用学过的理论知识和抽象思维，解决实际应用问题；通过分组任务，培养学生的团结协作能力。启发学生思考"堆思想"在生活中的应用，指出"量变产生质变"，要注重知识积累，培养学生的恒心、毅力和坚持不懈的品质。

教学环节五：课后拓展阅读与实践

教学内容：对本节课内容进行小结，并发布分组课外任务，要求实现完整的基于改进堆排序算法的应用程序。

设计意图：让学生学会知网文献检索过程，自学相关算法，培养学生的综合学习能力。

预设效果：学生自学相关算法并完成基于堆排序的文献检索排序程序的数据爬取、代码编写和软件测试，并以微课教学竞赛的形式在下节课课堂上进行演示和讲解。

教学方法与手段：讲授法、问答法。

思政元素融入设计：让学生自行利用知网文献进行检索，加深学生对今日所学的文献检索知识的掌握；通过了解堆排序的最新研究情况，激发学生的科研热情；通过自主学习和分组任务，学生通过团队合作共同探索科研难题，培养科研精神。学生自学知网文献检索过程，可以为后续毕业论文撰写奠定基础，提升学生文档规范能力。以微课教学竞赛的要求，提高学生学习的深度和广度，培养学生的综合学习能力。要求学生在编写代码后通过代码查重，再次强调学术不端的危害和学术诚信的重要性。

（五）教学反思

本教学设计基于翻转课堂"先学后教"和案例式教学的理念，以学生为中心，重视学生课前利用手机自主学习，课堂上放手让学生去讨论、探究、实践，教师做好课堂的反馈调控和指导，课后通过拓展任务巩固知识，全方位提高学生的编程能力和解决实际问题的能力。本堂课的重点是堆排序算法及在文献检索排序中的应用，通过本课的学习，首先，学生能理解堆排序算法，并理解其在文献检索排序和今日热词等常见应用，实现了本课程的知识与技能目标；其次，通过分组讨论和团队合作编程，共同解决文献检索排序问题，并从不同角度探索 TopK 问题求解思路，从作业完成情况来看，基本实现了本课程的过程与方法目标；另外，通过介绍"学术门"事件，学生充分了解了学术诚信的必要性，明白了知识积累的重要性，提交的作业中也没有代码抄袭的现象，实现了本课程的情感态度与价值观目标。

四、课件

简单选择排序

练：关键字序列 T =（21，25，49，25，16，08），请用简单选择排序算法进行从小到大排序。

1. 在 $r[i]$~$r[n]$ 中找最小值
2. 将最小记录与 $r[i]$ 交换

第 一 趟 排 序

| 21 | 25 | 49 | 25 | 16 | 08 |

能否利用（或记忆）首趟n-1次比较所得信息，尽量减少后续比较次数？

什么是堆？

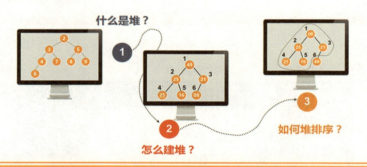

①
② 怎么建堆？
③ 如何堆排序？

什么是堆？

堆的定义：设有 n 个元素的序列 R_1，R_2，…，R_n，当且仅当满足下述关系之一时，称之为堆。　　完全二叉树

(1) $R_i \leq R_{2i}$ 且 $R_i \leq R_{2i+1}$（小根堆）　　(2) $R_i \geq R_{2i}$ 且 $R_i \geq R_{2i+1}$（大根堆）

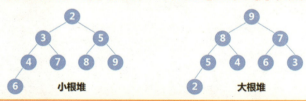

小根堆　　　　　　　　　大根堆

怎样建堆？

例：关键字序列 $T = (21,25,49,\underline{25},16,08)$，请建大根堆。

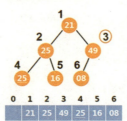

步骤：从最后一个非终端结点开始往前逐步调整，让每个双亲大于孩子，直到根结点为止。

编号必为 $\lfloor n/2 \rfloor$！(复习二叉树性质5)

建堆的时间复杂度为：$O(n\log_2 n)$

深度为 $\lfloor \log_2 n \rfloor + 1$ (复习二叉树性质4)

温故知新

如何堆排序？ 本质——选择类排序

例：对关键字序列 $T=(21,25,49,\underline{25},16,08)$ 进行堆排序。

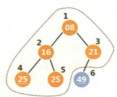

	1	2	3	4	5	6
初始序列	21	25	49	25	16	08
第一趟	08	25	21	25	16	49
第二趟	16	25	21	25	08	49
第三趟	08	16	21	25	25	49
第四趟	08	16	21	25	25	49
第五趟	08	16	21	25	25	49

建初堆的时间复杂度：$O(n\log_2 n)$

堆排序的时间复杂度：$O(n\log_2 n)$

文献检索排序简化

按发表时间降序排序

化繁为简

 文献检索排序框架

```
#include <stdio.h>
#include <string.h>

typedef struct Paper {} ; //定义每篇文献的结构体
typedef struct PaperList {} ; //定义所有文献的结构体

void Swap(Paper &a, Paper &b) ; //交换两篇文献的信息

void HeapSort(PaperList &A, int key) ; //堆排序算法

int main() ; //主函数
```

如何设计？

代码规范

分组任务

```
void HeapAdjust( PaperList &H, int s, int m, int key)  {//H.r[s..m]调整堆
    int j; //j为大孩子坐标
    Paper rc=H.data[s]; //s为当前非终端结点
    for (j=2*s; j<=m; j*=2) {
        if ( j<m && /* ::补充代码:: */ )  ++j;
        if (/* ::补充代码:: */ )  break;
        H.data[s]=H.data[j]; s=j;
    }
    H.data[s]=rc;
}
```

1. 按论文名称升序
2. 按发表时间降序
3. 按被引频次降序

代码规范

知网"今日热词"

思考/拓展　TopK问题：从 N 个数（N 很大）中，找出最大的 K 个数。

TopK问题

解法一：用排序法的思路，时间复杂度为 $O(N\log_2 N)$

1	2	3	4	5	6	7	8	9	10	11	12
1	3	7	5	8	9	2	4	7	2	6	6

K=5

1	2	3	4	5	6	7	8	9	10	11	12
1	5	6	4	3	2	2	6	6	7	7	8	9

注意：当N大于内存时，无法建立初始堆，如何解决？

TopK问题

解法二：用插入法的思路，时间复杂度为 $O(N \times K)$

1	2	3	4	5	6	7	8	9	10	11	12
1	3	7	5	8	9	2	4	7	2	6	6

依次扫描后N−K个数

1	2	3	4	5
8	7	5	3	1

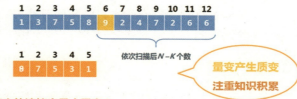

量变产生质变
注重知识积累

思考：怎么快速挤出最小元素？

TopK问题

解法三：用小根堆的思路，时间复杂度为 $O(K\log_2 K+(N-K)\log_2 K)$

前K个数生成一个小根堆　　依次扫描后N-K个数

1	2	3	4	5	6	7	8	9	10	11	12
1	3	7	5	8	9	2	4	7	2	6	6

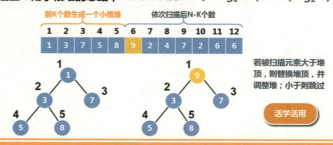

若被扫描元素大于堆顶，则替换堆顶，并调整堆；小于则跳过

活学活用

"力学"课程思政教学设计案例

一、课程简介

1. 课程性质

力学是全国高等院校物理学类专业开设的主干课程之一,是物理学类的专业核心课程,68学时,4学分,主要针对物理学类专业本科一年级学生开设。力学主要研究机械运动基本规律,作为物理学课程的有机组成部分,是学习后续其他专业课的基础。

2. 课程内容

课程选用由吉林大学物理学院编写的国家精品在线开放课程主讲教材,教学内容分为基本理论、实际应用以及时空观介绍。基本理论包括质点基本运动规律、质点及质点组的导出规律;实际应用主要体现在两种普遍运动形式(振动和波动)以及两种特殊质点系(刚体和流体)问题中;时空观包含牛顿经典力学时空观和爱因斯坦相对论时空观。

3. 授课教师

江燕燕,副教授,硕士生导师,主要承担物理学类专业的力学、理论力学等课程的教学任务。曾获全国高等学校物理教师基础课程青年教师讲课比赛安徽赛区一等奖,江西省高等学校科技成果奖一等奖和安徽省教坛新秀称号等,指导学生参加长三角师范生教学基本功大赛、安徽省高等学校师范生教学技能竞赛和安徽省大学生物理学术竞赛并获奖项10余项。主讲课程"力学"为安徽省省级课程思政示范课程。

二、课程思政资源分析

(一)课程思政建设目标

力学作为一门物理学专业核心课程,要培养学生的科学精神和爱国情怀,提高学生正确认识问题、分析问题和解决问题的能力,注重科学思维方法的训练和科学伦理的教育,培养学生探索未知、追求真理、勇攀科学高峰的责任感和使命感。

思政目标1:科学精神。通过惯性系下质点动力学的规律——开普勒三定律、万有引力定律的建立过程,进行科学伦理教育。在两种特殊质点系问题中,引导学生学以致用,以质点系规律为基础分析问题、解决问题,培养学生的科学精神。

思政目标2:科学思维。通过质点动力学问题中从瞬时规律到时间上、空间上积累规律的推导,即从牛顿第二定律到动量定理、角动量定理、功能原理等规律的推导,以及从适用于惯性系到适用于非惯性系的推广,训练学生的科学思维方法。

思政目标3:爱国情怀。在质点系动量定理的应用——变质量问题中,联系我国火箭发射技术,并举例让学生亲自演算,激发学生的爱国情怀。

思政目标4:价值追求。在两种普遍运动形式问题中,多普勒效应可运用于卫星定位,进而介绍我国的北斗卫星技术,激发学生的民族自豪感,培养学生勇攀科学高峰的责任感和使命感;时空观的问题学生既熟悉又陌生,通过灵活生动的教学模式,激励学生探索未知、追求真理。

(二)课程思政融入方式

抓好课程思政建设,关键是要解决好专业教育和思政教育"两张皮"的问题,恰当地融入思政元素,具体到力学课程教学中主要使用教学渗透、案例示范、故事分享、课堂讨论、拓展阅读等融入方式。

(1)科学精神与科学伦理的融入。相比传统枯燥的公式推导,转而通过故事分享的形式介绍开普勒三定律、万有引力定律的建立过程,学生听起来更饶有兴致,开普勒、第谷、牛顿等伟大科学家的精神感染着学生,达到育人于无形。在两种特殊质点系问题中,通过教学渗透引导学生学以致用,以质点系基本规律为基础分析问题、解决问题。虽然从质点到质点系,从一般质点系到特殊质点系,都还是在理想模型下的简化问题,但学生离实际问题越来越近,认识问题、分析问题和解决问题的能力逐渐得以提高。

(2)科学思维方法的融入。通过教学渗透带领学生从动力学瞬时规律到时间上、空间上积累规律进行推导,即从牛顿第二定律到动量定理、角动量定理、功能原理等规律进行推导,逐渐形成完整的经典力学知识体系。另一方面,经典力学仅适用于惯性系,通过课堂讨论的方式融入思政元素,提出一些问题:在非惯性系中牛顿定律是否适用? 如果不适用怎么办? 引发学生思考、讨论,循循善诱,带着学生一起回到牛顿第二定律这一基本规律,进行推导,进而引导学生假想"惯性力",并将非惯性系中的动力学基本公式最终回归到惯性系中相同的形式,锻炼学生的科学思维。

(3)爱国情怀的融入。在质点系动量定理的应用——变质量问题中,通过案例示范的形式融入思政元素,以我国长征火箭的成功发射为案例,迅速激发学生的爱国热情,虽然变质量理论比较深奥难懂,但每次学生都很主动积极地想搞清楚火箭发射原理这一问题,内心中的爱国热情是最好的学习驱动力。

(4)责任感和使命感的融入。在两种普遍运动形式问题中,介绍多普勒效应这一机械波传播的特殊现象时,通过引入我国北斗卫星先进技术的案例,学生的自豪感油然而生,从而萌生勇攀科学高峰的责任感和使命感。时空观的问题既有趣又有些深奥,可以课上通过教学渗透带领学生理解同时性的相对性、时间膨胀、长度收缩等基本规律,课下让学生拓展阅读例如"双生子佯谬"等有趣的故事，激励学生探索未知、追求真理。

三、教学案例展示

多普勒效应

多普勒效应是常见的运动形式——波动问题的重要知识点。前面课程主要讨论观察者、波源和介质无相对运动的理想化问题，而多普勒效应可以解释有相对运动的实际问题，但是学生并不容易理解和接受频移概念。故做如下教学设计：通过多媒体课件向学生展示多普勒效应的物理现象，讲授多普勒效应发现的过程，激发学生学习兴趣，引导学生善于观察、勇于探索、追求真理；通过多普勒效应的推导过程：抽象、简化分别探讨观察者、波源的运动对观测频率的影响，归纳总结两者都运动情况下的多普勒效应频移公式，培养学生科学的思维方法；通过例题训练学生应用频移公式，加深理解，锻炼学生认识问题、分析问题、解决问题的能力；通过讨论多普勒效应的应用，特别是卫星定位技术，很自豪地介绍中国的北斗卫星定位技术，激发学生热爱祖国、为国奋斗的热情，引导学生明确人类共同发展进步的历史担当。

（一）教学目标

1. 情感态度与价值观目标

（1）通过自主学习、探究学习多普勒效应的发现过程及其在生产、生活、军事、医疗等方面的应用，学生意识到善于观察、勇于探索、追求真理、掌握和应用物理知识的重要性及意义。

（2）通过合作学习、自主学习中国的北斗卫星定位技术的应用，激发学生热爱祖国、为国奋斗的热情，明确人类共同发展进步的历史担当。

2. 知识与技能目标

（1）通过探究学习多普勒效应的基本规律，学生掌握频移公式。

（2）通过探究、合作学习多普勒效应的应用，学生能对交通中的测速、医学中的"彩超"、天文学中的宇宙大爆炸理论、卫星定位技术等给出物理学的解释。

3. 过程与方法目标

（1）通过探究学习多普勒效应频移公式的推导过程，学生掌握推理、归纳总结的方法。

（2）通过合作学习多普勒效应频移公式的物理含义，学生掌握频移公式的使用方法。

（二）教学重难点

教学重点：多普勒效应频移公式的推导、多普勒效应的应用。

教学难点:多普勒效应频移公式的推导、多普勒效应频移公式的物理含义。

(三)教学方法、教学资源

教法:讨论法、讲授法、多媒体演示法、练习法、课后延伸法等。
学法:发现法、学思结合法、学练结合法、合作探究法等。
教学资源:
(1)张汉壮.力学[M].4版.北京:高等教育出版社,2019.
(2)漆安慎,杜婵英.力学[M].3版.北京:高等教育出版社,2013.
(3)查德·戈弗雷采访视频:https://news.sina.com.cn/w/2021-12-02/doc-ikyakumx1577833.shtml?hasPlayedTime=36.535.
(4)我国北斗卫星系统的网络资源:www.beidou.gov.cn.

(四)教学过程

教学环节一:结合热点问题,导入新课

教学内容:介绍多普勒效应应用案例(马航 MH370 失联后英国航天工程师报告),导入多普勒效应问题,讨论多普勒效应与运动的关系。

设计意图:通过国际热点问题的导入,迅速引起学生兴趣,让学生能够带着疑问,探索新知识。

预设效果:引导学生讨论,带着对热点问题中为何可用多普勒效应预测失联客机的疑问展开学习。

教学方法与手段:讨论法、多媒体演示法。

思政元素融入设计:通过讨论多年未解的热点问题,一方面关心国际形势、扩大视野,进行科学伦理教育;另一方面激发学习兴趣和求知欲,迅速融入课堂,进而一起认识问题、分析问题和解决问题。

教学环节二:多普勒效应的内涵

教学内容:先请学生回想,经过火车时是否感觉到火车发声频率发生变化?是否深入思考过是什么原因导致频率变化?再以故事分享形式介绍多普勒发现多普勒效应的过程。引导学生理解多普勒效应的内涵。

设计意图:通过观察火车发声频率的变化,结合多普勒的事迹,得出多普勒效应与速度相关的结论。

预设效果:通过学习,使学生理解多普勒效应的内涵;通过比较自身和多普勒观察和处理问题的不同,找到差距。

教学方法与手段:讨论法、讲授法、多媒体演示法。

思政元素融入设计:通过比较多普勒和我们自己在观察问题和处理问题时不同的态度和做法,激励学生善于观察、勇于探索、追求真理的科学精神。

教学环节三:多普勒频移公式的推导

教学内容:通过先固定部分参量简化问题,再推广得出一般结论的方法推导多普勒效应频移公式,引导学生理解频率与运动之间的关系。

(1) 若波源不动,仅观察者运动。

① 观察者靠近波源运动

$$f = \frac{u + V_人}{\lambda} = \frac{u + V_人}{u} f_源$$

② 观察者远离波源运动

$$f = \frac{u - V_人}{\lambda} = \frac{u - V_人}{u} f_源$$

(2) 若观察者不动,仅波源运动。

① 波源靠近观察者

$$f = \frac{u}{\lambda'} = \frac{u}{\lambda - V_源 T} = \frac{u}{u - V_源} f_源$$

② 波源远离观察者

$$f = \frac{u}{\lambda'} = \frac{u}{\lambda + V_源 T} = \frac{u}{u + V_源} f_源$$

(3) 观察者和波源同时运动。

$$f = \frac{u \pm V_人}{u \pm V_源} f_源$$

(分子:观察者靠近波源 +,远离 −;分母:波源靠近观察者 −,远离 +。)

设计意图:通过频移公式推导过程的讲授,结合多媒体动画展示,使学生掌握多普勒效应频移公式,理解观察者速度、波源速度与观察到的频率的关系。

预设效果:通过学习,学生掌握多普勒效应频移公式,理解简化问题、归纳总结的处理方法。

教学方法与手段:讲授法、多媒体演示法。

思政元素融入设计:通过先固定部分参量简化问题,再推广到其他情况,得出一般结论,锻炼学生由特殊到一般、归纳总结的科学思维,化繁为简,引导学生总结频率与运动之间的关系。

教学环节四:知识巩固

教学内容:通过设置例题,引导学生讨论、练习解答。

例1 A、B 为两个汽笛,其频率皆为 50 Hz,A 静止,B 以 60 m/s 的速率向右运动。在两个汽笛之间有一观察者 O,以 30 m/s 的速度也向右运动。已知空气中的声速为 330 m/s,求:① 观察者听到来自 A 的频率;② 观察者听到来自 B 的频率。

问题思考:频移公式里取正负的含义是什么? 频率变高变低的规律是什么?

例2 利用多普勒效应监测车速,固定波源发出频率为 100 kHz 的超声波,当汽车向波源行驶时,与波源安装在一起的接收器接收到从汽车反射回来的波的频率为 110 kHz,已知空气中的声速为 330 m/s,求车速。

问题思考:观察者是什么？波源是什么？

学生思考、讨论、尝试解答。

设计意图:通过设置例题提出问题,启发学生思考,引导学生讨论、练习,灵活掌握公式,深刻理解公式中波源、观察者含义。

预设效果:学生能够理解频移公式中各项的含义,灵活区分观察者和波源,并解决问题。

教学方法与手段:讨论法、练习法。

思政元素融入设计:通过例1锻炼学生利用已学知识分析问题、解决问题,通过例2锻炼学生辩证地认识到汽车既是波源又是观察者,深刻理解频移公式的物理含义。从而培养学生科学的思维方式,帮助学生由物理理论学习走向生活实践,提高运用物理知识解决实际问题的能力。

教学环节五:多普勒效应的应用

教学内容:讨论学习多普勒效应在生活中的应用,例如交通测速、医学"彩超"、宇宙大爆炸理论、卫星定位系统,特别是中国的北斗系统(网址:www.beidou.gov.cn),鼓励学生课外延伸学习,激发学生热爱祖国、为国奋斗的热情,引导学生明确人类共同发展进步的历史担当。

设计意图:通过讨论,引导学生理解多普勒效应在交通、医疗、天文、军事等各领域的应用,并鼓励学生课下延伸学习。

预设效果:学生开阔眼界,感悟物理与生活的联系紧密,学有所用。

教学方法与手段:讨论法、多媒体演示法、课后延伸法。

思政元素融入设计:通过多普勒效应应用的讨论,锻炼认识问题、分析问题、解决问题的能力,从物理走向生活,激发热爱祖国、为国奋斗的热情。不仅传授物理专业知识,而且讲使命和担当,引导学生志存高远、创新求真、做奋斗者,让学生明确人类共同发展进步的历史担当,科学精神、科学思维和爱国情怀都得到全面的提升。

(五) 教学反思

本节内容介绍多普勒效应及其应用,学生应掌握多普勒效应频移公式并应用所学习的知识解释生活现象。通过热点问题和生活现象导入课程,激发学生学习兴趣,引导学生应用物理知识解释现象。在教学过程中运用化繁为简的方法,分别假定观察者和波源单独运动推导频移公式,然后引导学生归纳总结得出一般结论,训练学生的科学思维方法。通过合理设置例题,引导学生加深理解、辩证思维。通过讨论应用,锻炼能力,激发爱国热情。整个课程设计将物理知识与思政元素有机融合,传授物理知识同时实现全程育人,落实"立德树人"根本任务。

四、课件

多 普 勒 效 应

1. 多普勒效应
2. 多普勒效应频移公式
3. 多普勒效应的应用

引入课题

马航MH370 失联专家预测 — 多普勒效应 — 前期课程无法解决有相对运动问题

热点问题

2021年11月30日，英国航空工程师理查德·戈弗雷发布一份报告称其使用一项革命性跟踪技术在珀斯以西1993公里的印度洋发现了失联7年的马航MH370客机。

这项跟踪技术的物理原理是什么？

理查德·戈弗雷采访视频：https://news.sina.com.cn/w/2021-12-02/doc-ikyakumx1577833.shtml?hasPlayedTime=36.535

科学伦理

知识总结与存疑

机械波的运动学方程　　机械波的波动方程　　机械波的传播、反射、合成

不能解决波源、观察者相对介质发生相对运动情况的问题

定义

- 观察者接收到的频率依赖于波源或观察者运动的现象，称为**多普勒效应**

知识回顾

- 波源频率：$f_{源} = \dfrac{1}{T} = \dfrac{u}{\lambda}$　　观察者接收频率：$f = \dfrac{u'}{\lambda'}$

物理量约定

- 波速：u　　波源相对介质速度：$V_{源}$　　观察者相对介质速度：$V_{人}$

频移公式

1. 设波源不动，观察者相对介质以速度 $V_{人}$ 运动

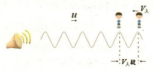

观察者接收的频率：$f = \dfrac{u + V_{人}}{\lambda} = \dfrac{u + V_{人}}{u} f_{源}$　　观察者**靠近**波源运动

推广：　　　　　　$f = \dfrac{u - V_{人}}{\lambda} = \dfrac{u - V_{人}}{u} f_{源}$　　观察者**远离**波源运动

2. 观察者不动，波源相对介质以速度 $V_{源}$ 运动

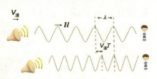

观察者接收的频率：$f = \dfrac{u}{\lambda'} = \dfrac{u}{\lambda - V_{源}T} = \dfrac{u}{u - V_{源}} f_{源}$ 波源**靠近**观察者

推广：$f = \dfrac{u}{\lambda'} = \dfrac{u}{\lambda + V_{源}T} = \dfrac{u}{u + V_{源}} f_{源}$ 波源**远离**观察者

3. 波源与观察者同时相对介质运动

$$f = \dfrac{u \pm V_{人}}{u \pm V_{源}} f_{源}$$

观察者**靠近**波源 +，**远离** −

波源**靠近**观察者 −，**远离** +

科学思维

例1　A、B 为两个汽笛，其频率皆为50 Hz，A静止，B以60 m/s 的速率向右运动。在两个汽笛之间有一观察者 O，以30m/s的速度也向右运动。已知空气中的声速为 330m/s，求：①观察者听到来自A的频率；②观察者听到来自B的频率。

问题思考：频移公式里取正负的含义是什么？频率变高变低的规律是什么？

例2　利用多普勒效应监测车速，固定波源发出频率为100 kHz 的超声波，当汽车向波源行驶时，与波源安装在一起的接收器接收到从汽车反射回来的波的频率为110 kHz，已知空气中的声速为330 m/s，求车速。

问题思考：观察者是什么？波源是什么？

科学思维

安庆师范大学

多普勒效应的应用

安庆师范大学

交通测速

安庆师范大学

医学"彩超"

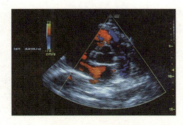 

天文学宇宙大爆炸理论

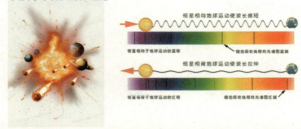

卫星定位系统

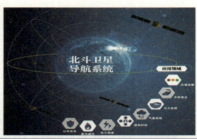

北斗卫星系统网址：www.beidou.gov.cn

家国情怀

小结

定义
- 观察者接收到的频率依赖于波源或观察者运动的现象

频移公式

$$f = \frac{u \pm V_人}{u \pm V_源} f_源$$

应用
- 多普勒效应在医学、交通、天文、军事等领域都有广泛应用

思考

通过多普勒效应的学习，培养学生的科学精神和爱国情怀，提高学生正确认识问题、分析问题和解决问题的能力，注重科学思维方法的训练和科学伦理的教育，培养学生探索未知、追求真理、勇攀科学高峰的责任感和使命感。

"光电子技术基础"课程思政教学设计案例

一、课程简介

1. 课程性质

光电子技术基础是电子信息类专业的核心课程,共34学时,2学分,主要针对光电信息科学与工程专业本科三年级学生开设。通过本课程的学习可以使学生对光电子技术的基本概念、基本技术和基本器件有比较全面和系统的认识。

2. 课程内容

光电子技术基础属于电子信息科学与技术类知识体系,主要研究光与物质中的电子相互作用及其能量相互转换的相关技术。涵盖激光技术、光纤技术、光通信技术、光信号探测技术、光信息存储与处理技术、显示技术及光计算等内容。

3. 授课教师

潘盼,博士,副教授,硕士生导师,安徽省教坛新秀,主要从事光电子器件方面研究。主讲光电子技术基础和光纤传感原理及应用等课程,主持安徽省质量工程项目1项和安徽省教学示范课1门,曾获全国高等学校电子信息类专业青年教师授课竞赛决赛二等奖和长三角第二届师范院校教师智慧教学大赛决赛季军。

二、课程思政资源分析

(一)课程思政建设目标

思政目标1:科学思维。以发展的眼光看问题,坚持与时俱进,保持知识的迭代更新。随着科学技术的发展,人们对未知世界的认识也会不断扩展和深化。在专业课程教学中建立正确的认识客观世界的思辨模式和方法,形成系统的、有逻辑的科学思维,学会总结、反问、挑战、分析和创造。

思政目标 2：工程伦理。工程伦理规范要求工程师坚持以人为本、关爱生命、安全可靠、关爱自然、公平正义。科技是一把双刃剑，在促进经济社会发展的同时，也可能在一定条件下对人类的生存发展带来消极后果。在光电子技术课程的教学设计中，合理融入工程伦理教育，培养服务于社会发展的优秀人才。

思政目标 3：家国情怀。新中国成立之初，老一辈科学家排除万难坚持回国，隐姓埋名戈壁滩，用算盘计算原子弹理论模型……正是心里装着国家和民族，才支撑着祖国一项项科学技术从无到有、从有到优。当代中国仍受"卡脖子"技术掣肘产业发展，工科专业课程正是培养大学生家国情怀的重要阵地。

思政目标 4：健全人格。当代大学生面临着前所未有的压力，高校中各种伤害性事件时有发生。学生遇到挫折后，在逃避、幻想、自责、合理化的应对方式上存在负相关。如何使大学生更倾向于做积极的应对方式，也是当下课程思政需要解决的重点问题。光电子技术课程中蕴含的自然规律同样适用于社会规律。通过包装升级光电子技术中的一些知识原理，助力学生塑造健全的人格。

（二）课程思政融入方式

根据本课程属性和课程思政教学特点，将使用多种方式进行课程思政的有机融入，包括教学渗透、课堂讨论和故事分享等融入方式。

（1）教学渗透。提前梳理课程内容中可结合的思政点，通过系统的教学设计无缝对接到课程教学中。光电子技术课程有很多可以挖掘的思政元素，例如，PN 结中载流子的动态平衡、光纤色散的利与弊、能级跃迁中高能级的不稳定性等内容都可以引申到社会哲学中，培养学生正确的人生观和价值观。通过调研各类光电子器件日新月异的研究进展，引导学生以科学发展的眼光理解知识和技能的时效性，保持常学常新。

（2）课堂讨论。结合科技热点问题和教学内容的相关性开展课堂讨论，润物细无声地融入思政元素。工程学科涉及高科技的发展，总是离不开科技强国这样的国家战略。近年来中国遭受以美国为首的西方国家的技术封锁，暴露了一批"卡脖子技术"。本课程涉及的许多光电子器件都涉及这些"卡脖子技术"，鼓励学生通过网络等途径搜集相关材料，结合课程内容讨论技术难点，分析为何"卡脖子"，激发学生科技报国的家国情怀和使命担当。

（3）故事分享。自然科学技术的发展背后总是离不开伟大的科学家。通过深挖工程技术相关科学家背后的故事，提取值得大家学习的个人品质和专业精神，以兼具趣味性的教学方式开展思政教育。光电子技术课程中有一些典型人物故事，如"被嘲笑的天才"光纤之父高锟先生、"半是天才，半是滑稽演员"费曼、自学成才法拉第、话剧"哥本哈根"等都是非常好的思政教育素材。

三、教学案例展示

光纤的色散

教学案例选自《光电子技术》第 2 章第 3 节光束在光纤波导中的衰减和色散特性。

该案例从什么是光纤的色散、光纤色散的产生原因和如何消除光纤的色散这三个方面层层剖析,揭开光纤色散的面纱。讲授时间为1学时。

(一)教学目标

1. 情感态度与价值观目标

通过了解光纤通信对国家的战略意义,分析国内外光纤光缆企业的发展历史和现状,激发学生的家国情怀,增强社会责任感。

2. 知识与技能目标

通过分析色散产生原因,研究色散补偿方案,提升分析问题和解决问题的基本能力。

3. 过程与方法目标

通过智慧教学平台的运用,结合课前预习、课上讨论和课后巩固的学习方式,培养自主学习的良好习惯。

(二)教学重难点

教学重点:光纤色散的产生原因,材料色散和波导色散与波长的内在联系。
教学难点:利用已学知识设计色散补偿方案。

(三)教学方法、教学资源

教法:课堂讲授并采用智慧教学平台,充分利用线上资源和以智慧教学工具为依托的课堂互动。
学法:课前自学、课中互动和课后巩固三位一体。
教学资源:
(1)安毓英,刘继芳,等.光电子技术基础[M].5版.北京:电子工业出版社,2003.
(2)周自刚,胡秀珍.光电子技术及应用[M].2版.北京:电子工业出版社,2017.
(3)朱京平.光电子技术基础[M].2版.北京:科学出版社,2021.
(4)"光电子技术基础"智慧教学课程资源平台:https://mooc1.chaoxing.com/course/215276933.html.

(四)教学过程

教学环节一:课前在线预习

教学内容:由浅到深将课程内容分为三个知识点,包括什么是光纤的色散、光纤色散的分类和用于色散补偿的光纤光栅,针对这三个知识点分别录制预习视频,逐步推进学习深度。

教学设计:针对已具备一定学习能力的本科高年级学生,课前学习可以让课堂时间得到更充分的利用。可通过单元测验检验学习效果,根据在线学习数据,随时调整课堂教学安排。

预设效果:通过课前自学,使学生对光纤色散的基本概念有基本了解,同时增强学生的自主学习能力。

教学环节二:课堂教学

(1) 课程导入。

教学内容:引入美国康宁公司网站上对光纤的一段视频介绍,视频阐述了影响光纤的三个重要因素:损耗、弯曲和色散,从而指出光纤色散的重要研究意义。

教学设计:通过知名公司的产品介绍,导入本节课内容,让学生更具体地感受所学知识的应用价值。

预设效果:视频导入课堂,更形象地展示教学内容,牢牢抓住学生的注意力。

思政元素融入设计: 光纤是现代光通信的命脉,具有重要的国家战略价值,我国必须享有自主权。插入一张统计表格对比展示中外企业在光纤市场占有率,在光纤领域中国有多家企业参与竞争,取得非常好的成效;引申到西方国家在高新技术领域对我国实施的封锁,鼓励学生为突破国家卡脖子技术而学习。

(2) 巩固基本概念。

教学内容:巩固课前线上学习内容,针对课前单元测验失分情况,强调光纤的色散相比于棱镜色散的复杂性;进一步学习色散对光通信的影响,引入消除光纤色散的必要性,分析光纤色散产生的原因。

教学设计:在课前预习的基础上,提炼出关键知识点采用问题引导式和讨论式教学。为了让学习内容更生动易懂,将光纤色散与跑步比赛进行类比。

预设效果:简单的知识点通过学生自学和讨论得到解决,增强学生的自信心,提升学习热情。课前学习结合课堂讨论使学生对光纤的色散有全面的认识。

思政元素融入设计: 光在光纤中传输亦如人在道路上前行,光纤的色散即不同的人前进速度不一样先后到达终点。用类比的方式帮助学生们更好地理解色散的概念,同时将自然科学知识与社会哲学相联系。这一类比贯穿整个课堂教学内容,在分析光纤色散的产生、补偿以及充分利用的同时也引导学生如何面对自身的优缺点,在人生这场马拉松中更好地前行。

(3) 光纤色散的消除。

教学内容:从两个方面出发来探讨如何消除光纤色散,一是从源头上抑制色散的产生,二是对已经产生的色散进行补偿。

教学设计:以讨论的方式根据色散产生的四种原因总结出抑制方法。将色散补偿比喻成跑步友谊赛,通过设置规则让所有人都同时到达终点,四种色散补偿方案即设置四种比赛规则。通过类比引导学生自行设计色散补偿方案。

预设效果:学生根据课前补充的光纤光栅知识自行设计光纤色散补偿方案,使分析问题和解决问题的能力得到锻炼。

(4) 课程小结。

教学内容：总结本节课内容框架，从什么是光纤色散、光纤色散的分类和光纤色散的消除这三个部分进行回顾。

教学设计：通过对本节教学内容的归纳整理，构建完整的解决复杂工程问题的思维逻辑。

预设效果：帮助学生梳理本节教学内容，并培养发现问题、分析问题和解决问题的能力。

思政元素融入设计：本节课内容以发现问题、分析问题和解决问题这一条总线贯穿，在学习过程中引导学生形成积极的问题处理模式，以科学的思维解决生活和学习中遇到的问题。

教学环节三：课后练习

教学内容：完成作业题——结合所学知识，充分调研后思考光纤的色散有哪些应用价值。

教学设计：本节内容是以光纤的色散对光纤通信造成的负面影响展开研究的，换一个角度以讨论色散的应用作为课后作业，鼓励学生发散思维，充分调研形成不同的观点。

预设效果：以作业为载体，培养学生开放的思维和思考问题的多面性视角。

思政元素融入设计：光纤的色散是影响光纤通信传输速率和容量的重要因素，在通信中要加以消除。凡事都具有两面性，在对立统一中发展，如果只看到一方面就完全否定色散的存在价值是否有失偏颇？此习题既帮助拓展学生的知识面，也培养学生的辩证思维，帮助学生积极面对人生中的挫折和失败。

（五）教学反思

本节内容设计家国情怀这一思政点作为教学引入，激发学生的学习动力。结合课前预习，加强课堂讨论，让学生成为课堂的主体。教学内容按照发现问题、分析问题和解决问题这一逻辑展开，将工程能力培养润物细无声地融入教学中。合理使用类比等方法，将抽象难懂的物理概念与赛跑作比较，使教学内容变得形象生动，并通过色散和赛跑引入人生赛道这一命题，帮助学生树立正确的人生观。最后，通过设置发散思维课后习题，使学生在扩展专业知识、增强学习能力的同时还能掌握事物的两面性规律，在未来面对挫折时拥有积极的心态。

四、课件

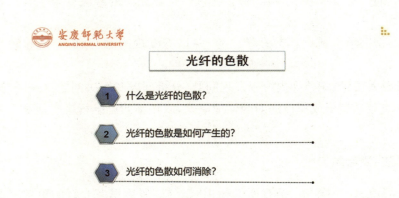

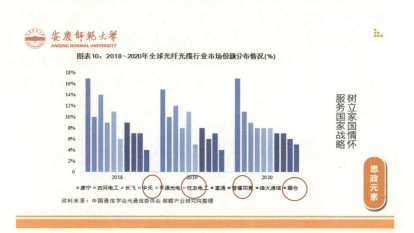

01 什么是光纤的色散？

由于光纤中所传信号的不同频率成分和不同模式成分传输速度不同，引起脉冲展宽的物理现象称为光纤的色散。

通俗理解：每一种成分的光相当于一个运动员，起跑线上一组排的整整齐齐的队伍，通过一段距离后队伍展宽了。

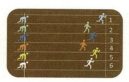

---

01 什么是光纤的色散？

色散对光纤通信的影响：

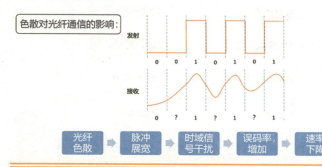

光纤色散 → 脉冲展宽 → 时域信号干扰 → 误码率增加 → 速率下降

---

02 光纤的色散如何产生的？

—— 模式色散

不同模式具有不同的传输速度，在光纤中沿传输方向行进的过程中，各模式逐渐分离，使得光信号展宽。

—— 偏振模色散

光纤双折射使得两个偏振模具有不同的传输速度，形成偏振模色散。

"光电子技术基础"课程思政教学设计案例

 **02 光纤的色散如何产生的？**

── 波长色散

材料色散

波导色散

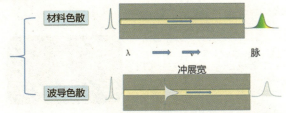

信号光处于纤芯的部分和处于包层的部分（分布与波长相关）具有不同的传播速度。

 **03 光纤的色散如何消除？**

抑制色散产生
- **模式色散**：选用单模光纤
- **波导色散**：调整波导结构
- **材料色散**：通过掺杂调节折射率
- **偏振模色散**：提高工艺精度、避免外界影响

色散补偿
- **色散补偿光纤**：你跑步快，我游泳快，跑完一段游一段
- **啁啾光纤光栅**：跑得快的多跑一段
- **激光预啁啾**：跑得慢的先跑
- **中途谱反转**：跑一半交换位置再跑

思政元素

人生如一场马拉松，比的不是一时的快慢，而是持续不断地努力下谁能跑得更久。每个人都有自己的优势，选择适合自己的赛道。

---

 03 光纤的色散如何消除？

── 色散位移光纤

通过加大结构色散抵消材料色散实现色散补偿。

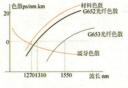

── 激光预啁啾

通过外调制器使光脉冲被压缩成负啁啾脉冲，该脉冲在光纤传输过程中，受光纤色散的影响，使原来被压缩的光脉冲在接收之前得还原。

03 光纤的色散如何消除？

 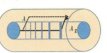

—— 啁啾光纤光栅

$\lambda_B = 2n_{eff}\Lambda$ $\lambda_n = (n_{core} - n_{cladding}^{(n)})\Lambda$

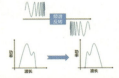

—— 中途谱反转

在光纤链路中点使用频谱反转器件，使短波长与长波长的信号互换，脉冲达到终点时，色散效应就被第二段光纤补偿，从而准确再生初始脉冲。

思考/拓展

内容小结　 → →

发散思维　课后练习：结合所学知识，充分调研后思考光纤的色散可不可以应用在某些场合？

"光电子技术基础"课程思政教学设计案例

"有机化学(1)"课程思政教学设计案例

一、课程简介

1. 课程性质

有机化学(1)是化学、材料化学、化学工程与工艺等专业的核心课程,51学时,3学分,开设在第二、三学期。该课程的前修课程为无机化学,后续课程为有机化学(2)、有机波谱分析和有机合成设计。

2. 课程内容

本课程分为三大模块:饱和及不饱和烃的结构、性质及应用;立体化学在研究反应历程中的应用;卤代烃、醇、酚、醚的结构、性质及应用。通过梳理知识体系,让学生掌握特征官能团的具体应用及相互转化的规律。

3. 授课教师

庞韬,博士,副教授,研究生导师,主讲有机化学(1、2)、有机化学实验(1、2)、有机波谱分析、有机合成设计等课程。获安徽省教坛新秀称号,主持省级精品线下开放课程1项、省级教学示范课1项,省级课程思政示范课程1项,荣获省级教学成果奖一等奖1项,获校级课程思政教学大赛一等奖;指导学生获省级大学生创新创业训练项目1项。

二、课程思政资源分析

(一)课程思政建设目标

通过本课程的学习,学生不仅掌握官能团相互转化的规律,并通过总结相关反应机理,将其灵活运用于有机合成中,提高学生综合解析有机反应的能力。以有机专业知识承载人文素养,遵循学生的认知成长过程,尊重认识自然规律,引导学生领悟科学思维的精髓,在获得知识的同时感悟人生、升华思想。

思政目标 1：深植家国情怀。通过历史事件以及优秀化学家事迹的介绍，使学生深刻认识中国著名有机化学家及他们做出的重要贡献，激发学生的爱国主义情怀，帮助学生树立正确的政治价值观，培养文化认同，增强民族自信。

思政目标 2：提高职业素养。通过诸如对映异构案例中的"反应停"事件，引申出不对称合成领域悬而未决的难题，培养学生的社会责任感和使命感，深植科技人文情怀和绿色化学理念。

思政目标 3：培养科学精神。引领学生分析官能团的特征，例如由双键、三键、羰基等官能团入手，深入讲解"结构决定性质"的辩证规律，引导学生注重知识之间的连续性与特殊性，研究官能团与相应反应本质的联系，于知识点中渗透辩证唯物主义思想，从而有效地帮助学生更深刻地掌握和应用有机化学知识，培养学生运用唯物主义思想解决问题的科学思维。

（二）课程思政融入方式

（1）教学渗透。有机化学和食品健康密切相关，例如在讲含氮有机化合物时，导入"苏丹红事件"：肯德基的"新奥尔良烤翅"等产品中被检测出苏丹红而被停售，"红心鸭蛋"也被曝光，借此事件增强学生的食品安全防范意识，树立正确的价值观，植入科技的人文情怀，培养学生的职业素养及社会责任感。

（2）案例示范。譬如，将羰基还原为亚甲基的方法之一：黄鸣龙还原法——我国著名有机合成化学家黄鸣龙教授将 Kishner-Wolff 还原法改良，是以中国科学家命名的重要有机反应之一。黄鸣龙教授是中国有机合成的先驱，甾体药物的奠基人。激励学生学习黄鸣龙教授的爱国主义精神和深厚的家国情怀，激发学生的民族自豪感，增强文化自信，鼓励学生树立埋头苦干、锲而不舍的科研态度；树立潜心钻研、淡泊名利的科学精神。

三、教学案例展示

醇的氧化与制备

本节课选自高等教育"十一五"国家规划教材《有机化学》第 3 版上册第九章"醇和酚"的内容，是对醇的化学性质的深化和延伸，格氏试剂与醛、酮的亲核加成反应机理及应用是本章的重点、难点，为第十一章《醛和酮》的学习打下基础。鉴于本节课在这门课程中承上启下的重要作用，教学设计温故知新、验收课前任务点即线上学习效果、课堂任务和学以致用等环节，讲授时间为 1 学时。

（一）教学目标

1. 情感态度与价值观目标

（1）通过学习沙瑞特试剂、琼斯试剂、格氏试剂等人名试剂，激发学生对有机化学的学习兴趣和研究热情，培养其社会责任感，将攻坚克难的匠人精神和绿色化学思维深植于学生心中。

(2) 通过本节课的学习，学生将深刻领悟透过现象看本质的科学方法和严谨求实的科学态度，并在解决实际问题过程中体会团队协作精神与共享经济意识。

2. 知识与技能目标

(1) 通过本节课的学习，学生能够掌握几种选择性氧化剂及其适用范围。

(2) 通过本节课的学习，学生能够掌握醛酮与格氏试剂的亲核加成反应机理，并在实践中强化训练。

(3) 通过本节课的学习，学生能够掌握醇羟基官能团的性质、与其他官能团的相互转化，并灵活运用于有机合成中。

3. 过程与方法目标

(1) 混合式教学设计：课前在学习通布置教学任务点，通过平台的统计数据分析统筹把握学习效果。

(2) 通过具体的例证，引起学生适当焦虑，激发其好奇心和学习兴趣，锻炼学生观察、思考、推理等科学思维能力，增强其创新意识，树立严谨的科学态度。

（二）教学重难点

教学重点：
(1) 选择性氧化伯醇、仲醇、烯丙醇。
(2) 亲核加成反应的机理在逆合成分析中的应用。
教学难点：醇的氧化及制备在有机合成领域的应用。

（三）教学方法、教学资源

教法：案例分析法、迁移教学法、分组讨论法、翻转课堂等。
学法：自主学习法、探究学习法、合作学习法。
教学资源：

(1) 王积涛，等.有机化学[M].3版.天津：南开大学出版社，2009.

(2) 曾昭琼，等.有机化学[M].4版.北京：高等教育出版社，2005.

(3) 邢其毅，等.基础有机化学[M].3版.北京：高等教育出版社，2005.

(4) 中国大学 MOOC"有机化学"（西安交通大学唐玉海教授等）：https://www.icourse163.org/collegeAdmin/teacherPanel.htm#/agt? type=2.

(5) e会学平台"有机化学(1)"（安庆师范大学庞韬、徐衡等）：http://www.ehuixue.cn/index/course/course.html.

（四）教学过程

教学环节一：导入新课

（1）问题导入。

提问：上节课学习了醇的哪些化学性质？

教师运用多媒体展示知识点总结思维导图：逐条解析醇的酸性、亲核取代反应、消除反应以及邻基参与反应机理，内容形象直观，激趣导入，提高学生学习的自觉性和探究的主动性。

以总结相应的思维导图为切入点，承上启下，导入本节课的内容。

思政元素融入设计：在讲到乙醇、甲醇等生活中常见的醇时，向学生介绍个别利欲熏心的无良商家以工业酒精或甲醇勾兑白酒，导致失明甚至死亡等情况的发生，将职业素养及社会责任感根植于学生内心，树立科技的人文情怀，引导学生形成正确、积极的价值观。

（2）验收课前任务点——线上学习效果。

教师在学习通平台发布了课前任务点：导学案、微格视频、配套课件及其他资料。通过后台统计的数据，分析学生对任务点的完成情况和学习效果。教师发布随堂练习，检验学生线上学习成果，查漏补缺。

教学环节二：课堂任务——醇的氧化与制备

知识点1：醇的氧化。

（1）伯醇的氧化。伯醇被 $K_2Cr_2O_7$-H_2SO_4、$KMnO_4$ 氧化成酸，很难停留在醛的阶段：乙醇被 $K_2Cr_2O_7$ 氧化为乙醛，但迅速转化为乙酸。

设置问题：有没有一种氧化性较弱的催化剂，可以控制反应生成醛不再进一步氧化？

三氧化铬和吡啶形成的络合物即沙瑞特试剂可以实现该目标，3-丁烯-1-醇的羟基被氧化为 3-丁烯醛，而反应物的双键官能团不受影响。教师举出实例，归纳分析，列举相关文献启发学生深层次的探究主动性和兴趣。

思政元素融入设计：通过沙瑞特试剂的学习，培养学生攻坚克难的匠人精神，端正潜心钻研的态度，树立大师情怀与社会责任感。在沙瑞特试剂的基础上，化学家持续改进，开发出 PCC 和 PDC 等氧化剂，通过氧化剂的升级历程向学生灌输绿色可持续发展理论，培养其创新精神、科学精神。

（2）仲醇和烯丙醇的氧化。三氧化铬溶于稀硫酸制备的琼斯试剂把仲醇氧化为酮，并且不影响底物中的双键官能团，类似于沙瑞特试剂。此外，活性二氧化锰选择性地将烯丙位的醇氧化成相应的不饱和醛、酮。

总结：沙瑞特试剂可以选择性将伯醇氧化为醛；仲醇被琼斯试剂氧化保留到酮；活性二氧化锰把烯丙位的醇氧化成相应的不饱和醛、酮。

梳理醇的氧化之化学途径，形成一个知识脉络，引发学生的自主思考，让学生逐渐被课堂吸引。

知识点2：醇的制备。

引导：之前讲过的内容中，有哪些知识点涉及醇的制备？

教师组织学生以团队讨论的方式,总结分别以烯烃、氯代烃为底物构建醇的方法,锻炼学生分析问题的能力,培养学生的团队意识。

(1) 选择性还原剂。系统回顾之后,开始学习制备醇的新方法。无论醛、酮都被铂或钯、镍等催化剂还原为醇,注意:分子中如果有碳碳重键也同时被还原。

提出问题:有没有一类催化剂只选择性地还原醛酮,保留底物中的碳碳双键等其他官能团?

课堂例题:用具体的例子对比 $LiAlH_4$ 和 $NaBH_4$ 两个还原剂的区别。

充分地发挥学生的主观能动性,在实践中锻炼学生分析问题、解决问题的能力。

(2) 醛酮的亲核加成反应。借助醛酮的亲核加成反应合成醇是一个重点,也是一个难点。从分析反应底物的结构特征开始:醛酮的羰基碳氧双键是极性不饱和键,因此,格氏试剂作为亲核试剂进攻羰基碳,碳氧双键断开,氧负离子与镁结合生成盐,盐水解之后得到目标产物醇。

启发探究:让学生梳理格氏试剂与甲醛及其他醛、酮反应的产物结构特征:与羟基相连的碳是中心碳,羟基是由羰基转化而来,另外三个取代基:两个氢是甲醛本身自带的官能团,而 R 取代基则是由亲核试剂贡献,把握中心碳取代基的来源,对于制备醇的逆合成分析至关重要。

课堂提问:格氏试剂与甲醛反应,产物是什么?格氏试剂和其他醛反应,产物是什么呢?格氏试剂和酮反应,产物有什么特点?

以具体的例题验证总结的规律,加深学生印象,锻炼他们解决实际问题的能力,培养学生分析、联系、推理的科学方法,提高学生的信心。

分组讨论:借助醛酮的亲核加成反应制备醇,逆合成分析的切入点是什么?制备仲醇、叔醇分别有几种合成路线?

通过层层深入的提问,引领学生跟着思路一步步发掘核心问题,通过具体实例,概括醛酮与格氏试剂发生亲核加成反应的机理,引导学生主动总结规律,将学生的好奇心和兴趣点激发到最高。

总结:回顾了由烯烃和氯代烃为底物合成醇的反应,学习了 $LiAlH_4$ 和 $NaBH_4$ 还原醛酮合成醇;强调掌握借助格氏试剂和醛酮的亲核加成反应制备伯醇、仲醇和叔醇的方法。将"醇的制备"这一主题构思出一个思维导图,强化学生的自主思考意识。

思政元素融入设计:以具体的例题验证格氏试剂和醛酮发生亲核加成反应的规律,加深学生的印象,锻炼他们解决实际问题的能力,培养学生总结、归纳、联系的科学思维以及透过现象看本质的科学方法,并在探索过程中深刻领悟团队协作精神与共享经济。

知识点3:学以致用。

翻转课堂:以苯、甲苯、环己醇及四碳以下(包括四碳)合成目标产物,分组讨论逆合成分析路线,鼓励学生走上讲台,写出合成路线,并详细讲解。

激励学生将新知识、新方法付诸实践中,努力做到学以致用:检验学生对基础知识掌握的牢固程度,考验对所学知识的灵活运用能力,锻炼学生分析问题的能力,让学生在思考中领略学习的乐趣和真谛,深植探究与创新精神,培养学生的团队意识,教师给予点评,进行价值观引领。

教学环节三：归纳总结

总结阐述：回顾了上节课的知识点，温故知新；验收课前线上学习的内容；之后学习了三种选择性氧化剂；从制备方法回顾、醛酮的还原、醛酮的亲核加成反应三方面梳理醇的制备方法；最后是强化训练环节。将醇的氧化及制备形成一个完整知识体系，引发学生自主深入思考，增强学生的归纳总结能力。

教学环节四：课后延伸

布置下次课线上学习的教学任务点，根据教师发布的导学案学习"酚的化学性质"的相关视频、课后讨论、课后拓展阅读。

布置课后作业：第326页第7题。

当 R = C_2H_5 时，用酸处理Ⅰ可得Ⅱ和Ⅲ；当 R = C_6H_5 时，用酸处理Ⅰ，只得到Ⅱ。试解释之（图1）。

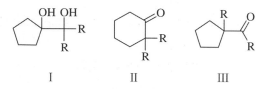

图 1　推测可能的反应机理

（五）教学反思

本节课设计、凝练出两条主线：

一条科学知识线。通过验收线上学习效果、课堂学习和配套习题训练，力促学生牢固掌握醇的氧化与制备等相关知识，并强化其在有机合成领域灵活、熟练应用。教师将分组讨论等良性激励方式引进课堂，提高学生团队合作与交流的能力；并让学生扮演教师的角色走上讲台——实现翻转课堂，让学生的热情、主观能动性和潜力得以发挥。

一条思政育人线。抓好课堂主阵地，通过科学合理、多样化的方法将思政元素融入教学全过程，将理论知识中蕴含的思政元素深度挖掘、凝练，促进载体与思政元素无缝对接，最大化地发挥所承载的育人功效。课堂设计体现"学生为主体、教师为主导、创新思维为核心"的教学思想，统筹规划教学过程，实现知识传授、能力培养、思想引领同步提升。

四、课件

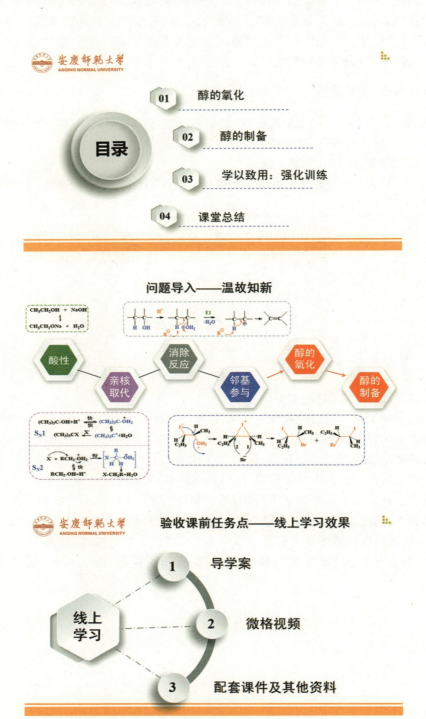

醇的氧化——伯醇

沙瑞特试剂（三氧化铬和吡啶形成的络合物：$CrO_3 \cdot (C_5H_5N)_2$）被氧化成醛，且不影响碳碳双键。

$$CH_2=CHCH_2OH \xrightarrow{\text{沙瑞特试剂}} CH_2=CHCH_2CHO$$

醇的氧化——仲醇

琼斯试剂（三氧化铬溶于稀硫酸 $CrO_3 \cdot H_2SO_4$）：被氧化成酮，不影响碳碳双键。

类似于沙瑞特试剂

思政元素

攻坚克难的匠人精神；
潜心钻研的态度；
大师情怀与社会责任感。

醇的氧化——小结

伯醇	$CH_3CH_2OH \xrightarrow[H_2SO_4]{K_2Cr_2O_7} CH_3CHO \xrightarrow[H_2SO_4]{K_2Cr_2O_7} CH_3COOH$	伯醇→羧酸
	$CH_2=CHCH_2OH \xrightarrow{\text{沙瑞特试剂}} CH_2=CHCH_2CHO$ ★	伯醇→醛
仲醇	环己醇 $\xrightarrow[H_2SO_4]{K_2Cr_2O_7}$ 环己酮 $\xrightarrow[\Delta]{KMnO_4}$ $C_5H_{11}COOH$	仲醇→羧酸
	十氢萘酚 $\xrightarrow[\text{丙酮}]{CrO_3 \cdot \text{稀}H_2SO_4}$ 十氢萘酮 ★	仲醇→酮
叔醇	$H_3C-\underset{\underset{CH_3}{\mid}}{\overset{\overset{CH_3}{\mid}}{C}}-OH \xrightarrow[H^+ \Delta]{KMnO_4} H_3C\overset{CH_3}{\underset{}{}}C=O + CO_2 + H_2O$	不易反应
烯丙醇	$CH_2=CHCH_2OH \xrightarrow[25°C]{\text{活性}MnO_2} CH_2=CHCHO$ ★	α,β-不饱和醛、酮

醛酮的亲核加成反应——逆合成分析

问题：
1：逆合成分析的切入点是什么？
2：制备仲醇、叔醇分别有几种合成路线？

思政元素

科学思维：透过现象看本质

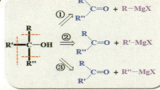

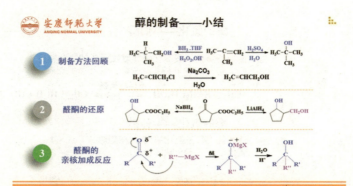

分组讨论：

以苯、甲苯、环己醇及四碳以下（包括四碳）合成有机化合物 1：

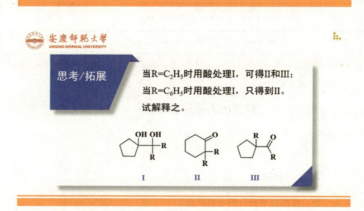

当R=C_2H_5时用酸处理I，可得II和III；
当R=C_6H_5时用酸处理I，只得到II。
试解释之。

"中国地理"课程思政教学设计案例

一、课程简介

1. 课程性质

中国地理是地理科学(师范)专业核心课程,68学时,3.5学分,修读对象为地理科学专业本科三年级学生,开课时间为第五学期,先修课程有自然地理学、人文地理学、经济地理学等。

2. 课程内容

中国地理是地理学研究核心(人地关系)在中国疆域内的展现,综合性强,内容涉及区域自然、社会经济过程及其规律。课程包含"中国区位与疆界""中国地理结构特征""环境保护与灾害防治""区域综合分析"等。

3. 授课教师

余光明,博士,副教授,硕士生导师,主要承担地理科学专业气象与气候学、中国地理等课程教学任务。主持安徽省质量工程省级教研项目1项,曾获得安庆师范大学教育实习优秀指导教师、首届课程思政教学设计大赛二等奖。

二、课程思政资源分析

(一) 课程思政建设目标

通过课程学习,引导学生全面了解中国地理环境特征与结构,认识其发生、发展和演变规律,初步具备综合分析中国地理环境基本特征的能力,增强区域意识,培养学生的人地协调观;通过讲授中国地理国情,特别是改革开放以来的巨大成就,增强家国意识,弘扬服务地理基础教育的奉献精神;丰富学生的中国地理知识,提升从事中学地理教育工作的能力,讲好中国故事;培养学生团队协作意识,提高沟通合作能力。

思政目标1:家国情怀。通过地理国情学习,特别是改革开放以来的巨大成就,激发学生的爱国意识、民族意识和家国情怀。

思政目标2:育人意识。引导学生熟悉中学阶段中国地理相关的教学内容,弘扬服务地理基础教育的奉献精神,提升师德规范,培育学科育人意识。

思政目标3:政治认同。增强中国特色社会主义道路自信、理论自信、制度自信、文化自信,引导学生树立共产主义远大理想和中国特色社会主义共同理想,理解建设美丽中国与可持续发展的内涵,增强政治认同。

思政目标4:科学精神。学习老一辈地理学家以爱国主义为底色的科学家精神,培养学生科学思维、求实精神和探索精神,树立正确世界观、人生观和价值观。

(二)课程思政融入方式

(1)教学渗透。教案设计过程中专门设置思政目标,选择合适的知识点,设计恰当的思政教育元素的融入环节与方式。如讲授理论课程"中国地理区位与疆界"时,通过搜集热点的地理素材(如三星堆考古),设计小组讨论活动和趣味涂鸦,结合祖国的美丽山河、经济发展成就、悠久历史,引导学生用地理学的视角从世界看中国、从中国看世界,激发学生的爱国意识、民族意识和家国情怀。

(2)案例(故事)分享。结合课程教学内容,围绕彰显理想信念、宣传国家重大战略举措、强化学生"四个自信"、弘扬科学家探索追求精神等编写专题案例,例如,在新型城镇化、生态环境保护、水土资源管理、地缘政治等方面加强主题案例整理,使课程知识与国家大政方针紧密结合。对于领域内知名专家事迹加以整理,如"布鞋院士"李小文,冰川学家施雅风,黄土专家刘东生,气象学家叶笃正院士等生平事迹,激发学生敢为人先、奉献报国、求真探索的热情。

(3)课程实践。将思想政治工作贯穿实践环节,力求实现"三全育人"。实习中带领学生走进庐山爱国主义教育基地,潜移默化之中引导学生为实现中国梦贡献力量。组织学生学习气象学家叶笃正院士生平事迹,在学习专业知识的同时,走进科学大师的世界,感受科学精神。室内实践环节,通过设计有地理趣味的实践活动,如"一点都不能错,拒绝问题地图"活动,增强学生国土安全意识。

(4)模拟课堂。结合课程内容,引导学生选择合适内容开展模拟教学,由学生自己动手查阅资料、展示所在省份地理环境特征,进行课堂讨论,激发学生热爱家乡的意识。既引导学生建立与中学地理教学内容的联系,也强化了师范生的育人理念和意识,培养了教育理想、职业道德等。

三、教学案例展示

黄 土 高 原

"黄土高原"是中国地理"区域综合分析模块"重要内容。通过学习,引导学生深刻理解黄土高原生态环境问题的成因及治理对策,树立社会主义生态文明观;学习以刘东生为代表的老一辈科学家求真探索的科学精神；了解黄土高原农业地理工程研究进展，积极投身于生态文明建设的伟大事业。

（一）教学目标

1. 情感态度与价值观目标

（1）通过对黄土研究的代表性科学家事迹的学习，弘扬科学精神。

（2）使学生认识到自然环境各要素之间相互作用、相互影响的耦合关系，培养学生正确的人地观和可持续发展观。

（3）牢固树立"绿水青山就是金山银山"理念，以实际行动践行社会主义生态文明观。

2. 知识与技能目标

（1）了解黄土高原的地理位置及内部分异。
（2）理解黄土高原上黄土物质的形成原因。
（3）掌握黄土高原水土流失严重的原因和后果。
（4）理解黄土高原生态环境建设的举措。

3. 过程与方法目标

（1）能够结合黄土高原区位，评价黄土高原自然环境。
（2）能够结合黄土高原自然和社会条件，分析区域可持续发展对策。

（二）教学重难点

教学重点：黄土的成因，黄土高原主要的生态环境问题及治理对策。
教学难点：黄土高原生态环境问题成因分析。

（三）教学方法、教学资源

教法：课堂讲授与讨论相结合，使用案例教学法，注重启发式教学。
学法：小组讨论法、自主学习法。
教学资源：
（1）赵济，等. 中国地理[M]. 2版. 北京：高等教育出版社，2020.
（2）郑度. 中国自然地理总论[M]. 北京：科学出版社，2015.
（3）刘明光. 中国自然地理图集[M]. 3版. 北京：中国地图出版社，2010.

（四）教学过程

教学环节一：导入新课

通过PPT展示不同时期地表覆盖迥异的黄土高原景观图片，让学生猜测属于中国哪个地理单元，引出本节主题。

思政元素融入设计：通过退耕还林草前后黄土高原区域内植被覆盖度对比，使学生了解黄土高原生态环境建设的巨大成就，培养学生"绿水青山就是金山银山"的意识，坚持绿色发展理念，构建人与自然生命共同体。

教学环节二：新课讲授

带领学生回顾黄土高原自然概况，包括地理位置、跨越省份、海拔高度以及黄土厚度等信息。

（1）地貌特征。通过PPT展示黄土高原地图，学生读图分析地貌特征，说出黄土高原的主要地形区。小组合作讨论黄土高原三种常见地貌类型并且说出其特点并分析成因。

教师展示金鸡山、黄土林、黄土柱图片为学生讲解特殊的黄土地貌形态，引导学生思考黄土地貌景观可为旅游扶贫做出贡献。

（2）黄土特性。讲解黄土特性，提出问题：这些特性是怎么来的？对地理环境有什么影响？学生回答。

教师提问：黄河泥沙主要来自中游怎么解释？启发学生思考黄土高原的成因。

（3）黄土的成因探讨。学生合作讨论探究黄土高原成因。教师讲解风成说并且给出相关论据。

思政元素融入设计：结合"黄土天书的开启者——刘东生"的事迹，培养学生综合思维能力，学习求真务实的科学态度以及认真探索的科研精神。

（4）生态环境建设。通过PPT展示关于黄土高原水土流失情况相关调查结果和水土流失图片。小组合作探究水土流失的原因和危害（人为原因和自然原因），学生代表发言讨论。

教师给出黄土高原治理的图文资料让学生总结治理措施，并尝试提出治理方案。结合地理学知识，思考地理学在黄土高原生态建设中能够做哪些贡献。

思政元素融入设计：结合"黄土高原生态环境沧桑巨变七十年"材料，引导学生正确认知区域环境问题形成的自然、社会经济因素，从人地协调角度认清国情。认识新中国成立以来黄土高原生态治理工作所取得的举世瞩目的成就，能够在日常生活中践行绿色发展观，在今后的教学中有意识地加强环境观教育。

（5）黄土高原的文化。通过PPT展示黄土高原聚落景观图，让学生思考地理环境对人类活动的影响，树立人地协调观念。简要介绍陕北地域文化如剪纸、民歌、腰鼓、面食等。

思政元素融入设计：通过介绍黄土高原丰富多彩的地域文化，让学生感受传统文化的魅力，增强文化自信，引导学生思考如何传承和保护区域优秀传统文化，弘扬民族精神。

教学环节三：总结归纳

黄土高原曾经水丰草茂，由于毁林开荒、乱砍滥伐，致使生态环境遭到严重破坏。新中国成立后，开展了大规模的黄河治理保护，取得了举世瞩目的成就，生态环境明显改善。我们应牢固树立社会主义生态文明观，守护好黄土高原绿水青山。

教学环节四：课堂练习

填图作业：黄土高原轮廓图。

教学环节五：课后作业

（1）黄土高原文化中哪些与黄土的特性相关？
（2）水土流失对黄土高原生态环境有哪些危害？
（3）收集黄土高原水土流失的治理措施，试着提出新的建议。
（4）观看中央电视台感动中国人物展播：刘东生。

（五）教学反思

由于地理位置的原因，大部分学生没有去过黄土高原，因此在教学引入中，通过图片对比，让学生感受到现在的黄土高原正在发生变化。授课过程中通过合作、探究学习，在观察、讨论、展示、合作中逐步培养学生的能力。结合老一辈科学家的事迹及新中国成立后黄土高原生态环境建设的实践，弘扬科学精神，引导学生树立"绿水青山就是金山银山"理念，以实际行动践行社会主义生态文明观，取得了较好的教学效果。

四、课件

二、黄土的特性

黄至红色；

结构疏松，多孔，透水性强；

粉砂质，质地均一，粉粒重占50%；

层理不明显；

富含碳酸盐；

直立性好，抗冲抗蚀性弱，遇水易崩解.

思考 这些特性是怎么来的？对地理环境有什么影响？

三、成因探讨

关于中国黄土的成因问题，从19世纪以来伴随着黄土的研究过程争论了一百多年，不同学者先后提出过许多假说，争论的焦点主要是水成说和风成说之争。

"风成说"认为黄土是由风从沙漠里搬运过来的，这派观点最早由德国科学家提出来。"水成说"由前苏联科学家提出，认为中国的黄土是"水成"的，即主要由水搬运沉积而成，且主要由洪水搬运沉积。

黄土之父—刘东生

思政元素

- 1917年出生于辽宁省沈阳市。1942年毕业于西南联合大学地质地理气象系。1980年当选中国科学院院士，1991年当选第三世界科学院院士，1996年当选欧亚科学院院士，2003年度国家最高科学技术奖得主。
- 早在1958年，刘先先生就组织了数十人的研究队伍，对黄河中游黄土区十条大断面（六纵四横）徒步进行了野外考察。
- 毕生从事地球科学研究，创立了黄土学，平息170多年来的黄土成因之争，把过去只强调搬运过程的风成作用扩展到物源-搬运-沉积-沉积后变化这一完整过程（新风成说），建立了250万年来最完整的陆相古气候记录。

地学大师的家国情怀；
求真务实的科学态度；
认真探索的科研精神。

 四、生态环境建设

思政元素

地理人的专业情怀和责任

- 中国科学院2003年12月13日公布的对黄土高原的研究结果表明：黄土高原每年流失的土层达1cm，流失速度比形成速度快100倍到400倍。
- 监测表明：黄土高原平均每年流失泥沙16亿吨，泥沙流失过程中，氮磷钾等营养物质也大量流失，这使土壤的生产能力大大降低。水土流失使坡耕地成为跑水、跑土、跑肥的"三跑田"，土地的透水性和持水能力显着下降。

思政元素

保护生态环境，共建人与自然生命共同体；
黄土高原生态环境建设所取得的巨大成就；
薪火相传，地理人的黄土情缘。

70多年来，党和国家十分关心黄土高原生态环境治理，先后经历坡面治理、沟坡联合治理、小流域综合治理和退耕还林草工程等四个阶段，每一阶段均取得一定成效。

新时期黄河水沙情势和黄土高原生态条件变化：
（1）黄河输沙量降低至历史低值水平。
（2）黄土高原植被覆盖度急剧增加。
（3）黄土高原水资源可持续利用趋近植被恢复的极限。
（4）人类活动的贡献率达到前所未有的高度。

中科院地球环境研究所安芷生和周卫健院士，结合多年在黄土高原生态环境变化基础研究领域取得的研究成果，探寻新时代黄土高原生态环境综合治理方略，提出了"塬区固沟保塬，坡面退耕林还林草，沟道拦蓄整地，沙区固沙还灌草"26字建议。

黄土高原农业地理工程

五、黄土高原文化

思政元素

树立人地协调观念，实现可持续发展；中华优秀传统文化传承。

聚落景观：
这样的房子有什么特点？如何适应环境？

陕北民俗：
挖个洞洞当家宅

山西大寨梯田

思政元素

学习大寨精神，勇担时代使命。

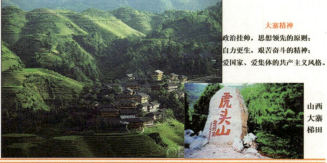

大寨精神
政治挂帅，思想领先的原则；
自力更生，艰苦奋斗的精神；
爱国家、爱集体的共产主义风格。

山西大寨梯田

思考与讨论

1. 黄土高原文化中哪些与黄土的特性相关。
2. 水土流失对黄土高原生态环境有哪些危害？
3. 收集黄土高原水土流失的治理措施，试提出新的建议。
4. 观看CCTV-感动中国人物展播:刘东生

- 陕西省政府门户网站
- 中国科学院西北生态环境资源研究院
- 中国科学院地球环境研究所

"安徽地理"课程思政教学设计案例

一、课程简介

1. 课程性质

安徽地理是地理科学专业的选修课程,34学时,2学分,开设在第六学期,授课对象为地理科学专业三年级学生。

2. 课程内容

本课程分为三大模块:① 区域地理分析,包括区域地理描述和区域综合分析,通过运用地图、图表和统计资料分析地理事物的分布与成因,形成区域分析能力;② 区域资源利用,包括安徽的地理位置、自然环境与资源的基本特征,资源开发对社会经济发展的影响,经济发展优势与不足以及未来的可持续发展问题,初步掌握区域资源开发与利用的主要途径和方法,区域发展与环境保护的基本内容和主要措施;③ 区域可持续发展,如何科学利用资源与保护环境,实现经济社会的可持续发展。

3. 授课教师

武瑞春,硕士,主讲中学地理教学设计、中学地理课程与教材教法、安徽地理等课程,主持校级质量工程重点项目1项,获校级课程思政教学设计大赛教案赛三等奖。

二、课程思政资源分析

(一)课程思政建设目标

思政目标1:生态保护意识。通过学习安徽省水系与水资源,了解我省水资源时空分布特点,树立正确的资源观和环境观,生活中践行保护水资源、节约用水的理念;深化学习习近平总书记关于长江流域"不搞大开发,共抓大保护"重要讲话精神,切实践行"绿水青山就是金山银山"生态理念。

思政目标 2：家国情怀。通过梳理新中国成立以来"一定要把淮河修好"到引江济淮等水利治理过程，体验安徽区域水利环境变迁的历史脉络，深刻理解区域经济社会发展与水资源开发保护之间的良性互动关系。进一步把握党中央关于江淮大地生态开发、特大洪涝灾害防治、水资源利用调度的实践逻辑。树立热爱祖国、情系家乡的情感、态度和价值观，深刻领悟新时代安徽区域资源开发保护的现实意义和历史价值。

（二）课程思政融入方式

（1）教学渗透。在教学内容方面，系统挖掘江淮大地水资源保护开发的校本素材，充实安徽地理的课程思政内容。在教学逻辑方面，由现实资源环境问题切入，结合当前江淮环境治理实践，深刻揭示安徽区域水环境变迁的学理路径。关于教学方式方面，充分尊重学生主体性，利用自主合作探究的学习方式，实现课堂知识的生成与延展。

（2）案例示范。结合淮河流域降水年内分配集中程度高、年际变化大、夏季防汛任务艰巨的地理状况，介绍新中国历史上水利建设事业的第一个大工程在安徽省拉开帷幕的历史地理背景。1950 年夏季，淮河流域持续大雨，洪水泛滥，百姓受难。在抗美援朝已经打响、国内经济十分困难的情况下，中央政府仍毅然决定治理淮河，确定了"蓄泄兼筹"的治淮方针，成立治淮委员会统筹全国之力，掀起新中国第一次大规模治理淮河水患的高潮。在国际封锁和劳动生产工具原始的恶劣条件下，青年学子、优秀专家、人民军队和百万民工响应毛泽东主席"一定要把淮河修好"的号召，夜以继日，持续奋战，涌现出无数劳动模范和感人事迹，先后建成佛子岭水库、苏北灌溉总渠、三河闸、入海水道等大型水利设施，逐步实现了淮河流域人民淮水安澜的长久梦想。

（3）拓展阅读。水是生命之源、生产之要、生态之基。兴水利、除水害，事关人类生存、社会进步，历来是治国安邦的大事。2014 年，习近平总书记就保障国家水安全问题发表了重要讲话。深刻分析了当前我国水安全的严峻形势，系统阐释了保障国家水安全的总体要求，明确提出了新时期治水的新思路，为我们强化水治理、保障水安全指明了方向。通过学习习近平同志重要讲话精神，深刻理解安徽省水安全的重要性，将节约用水、科学用水内化为个人行为。

三、教学案例展示

安徽水系与水资源

教学展示内容选自合肥工业大学出版社出版的《安徽资源环境》中第五章"安徽水系与水资源"，主要包括三小节内容，本课例主要讲授安徽的河流与湖泊、安徽水资源及其开发利用，系统介绍安徽省的水系与水资源分布与利用现状，授课时间为 1 学时。

（一）教学目标

1. 情感态度与价值观目标

（1）通过理解安徽省水系与水资源的时空分布对生产生活的影响，结合切身感受，增强地方归属感,牢固热爱祖国、热爱家乡的情感、态度与价值观。

(2) 通过了解安徽省的水资源污染与治理历程,树立正确的资源观、环境观和可持续发展观,生活中践行保护水资源、节约用水的理念。

2. 知识与技能目标

(1) 掌握安徽省的三大水系分布特征及水文特点。

(2) 通过阅读相关图表,解读并熟知安徽省水资源时空分布特点及其开发利用状况。

3. 过程与方法目标

(1) 通过相关材料及案例分析,从地形、气候、人口、经济等方面分析安徽省三大水系的水文特征,尝试从要素综合的角度解释其地理成因并描述区域特征。

(2) 通过分析各类统计数据,从自然环境和社会经济发展两方面分析安徽省水资源开发利用现状,从思想层面和技术层面认识水环境整治和生态系统恢复的举措。

(二) 教学重难点

教学重点:安徽省主要水系及其分布特点、水文特征;安徽省水资源及开发利用现状。

教学难点:安徽水环境污染与主要治理措施;树立人地协调的环境观和发展观;深化"青山绿水就是金山银山"的发展理念。

(三) 教学方法、教学资源

教法:启发讲授法、基于案例小组讨论法、视频教学法。
学法:自主学习、小组合作探究学习。
教学资源:

(1) 张理华,张群,周葆华.安徽资源环境[M].合肥:合肥工业大学出版社,2010.

(2) 查良松.安徽地理[M].北京:北京师范大学出版社,2018.

(四) 教学过程

课前准备:学生自主预习安徽省三大水系的地理位置、水文特征,了解安徽省水资源的基本概况;课前通过雨课堂推送《一定要把淮河修好》的纪录片视频,分析淮河流域历史上旱涝灾害频发的地理原因。

教学环节一:新课导入

安徽省处于我国亚热带季风气候区,水热资源相对丰富。请同学们对照地图描绘出横贯安徽省的三大河流,进一步思考这些河流是如何塑造地表环境和影响人们生产生活的?人类活动又会对地表的河流、湖泊产生怎样的影响?带着这些疑问,一起学习本节课内容"安徽水系与水资源"。

安徽水系分布图:河流与湖泊是地表水资源的主要载体,安徽水系属淮河、长江和钱塘江三大流域,三大干流接纳较大的支流有30多条,次级支流有1000多条。河流沿岸湖泊众多,主要分布于长江与淮河两岸(出示安徽省水系略图)。还有4200多座水库及大量塘坝,都是新中国成立以后为淮河流域防洪防汛而修建的;众多的河、湖,广阔的水面,蕴藏着丰富的水资源。我们先来了解安徽省有哪些河流与湖泊。

教学环节二:安徽河流与湖泊

安徽水系属于淮河、长江和钱塘江三大流域。安徽三大流域中,淮河的流域面积最大,占全省总面积的48%;长江流域略小,占47.4%;新安江流域面积最小,占4.6%。

安徽的河流主要为外流河,湖泊为淡水湖。以雨水补给为主,径流量大,含沙量小,汛期较长,淮河以北地区河流有冰期,淮河以南河流没有明显的冰期。径流量的地区差异与降水量地区差异相一致。

介绍安徽省三大水系(安徽段)的水文特征及其主要支流。

知识点1:长江下游水系。

长江水量丰富,年际变化幅度相对较小。年内分配也相对均匀。江流含沙量较小,终年不冻,航道条件优越,但每年汛期受上、中游洪水及下游海潮顶托,加上暴雨、台风影响,防汛任务很重。

安徽长江南岸较大的支流有黄湓河、秋浦河、九华河、青弋江、水阳江等;北岸支流有华阳河、皖河、菜子湖水系、陈瑶湖水系、巢湖水系、滁河等。

知识点2:淮河中游水系。

淮河是安徽第二大河,流经阜南边境一段为河南、安徽两省的界河,自三河尖以下进入安徽境内,经霍邱、颍上、寿县、凤台、淮南、怀远、蚌埠、凤阳、五河、嘉山等县市,从嘉山县红山头以下泄入洪泽湖。安徽境内属淮河中游。

淮河支流众多,主要支流集中在安徽境内。北岸支流多而长,自西向东主要有洪河、谷河、润河、颍河、西淝河、茨河、涡河、北淝河、漴潼河与濉河等。南岸支流较少且短流湍急,自西向东主要有史河、汲河、淠河、东淝河、池河等。

提问:学生观看《一定要把淮河修好》的纪录片后,分组讨论淮河流域历史上旱涝灾害频发的地理历史原因。

思政元素融入设计: 首先,分析安徽境内淮河流域水系特点,分析淮河灾害频发的地质因素。

其次,体会1950年夏季,在抗美援朝已经打响、国内经济十分困难的情况下,中央政府仍毅然决定治理淮河的综合考量与初心,感受在国际封锁和劳动生产工具原始的恶劣条件下,青年学子、优秀专家、人民军队和百万民工响应毛泽东主席"一定要把淮河修好"的号召,夜以继日,持续奋战,涌现出无数劳动模范和感人事迹。

再次,观看如今已建成的佛子岭水库、苏北灌溉总渠、三河闸、入海水道等大型水利设施,感悟淮河流域人民实现淮水安澜的长久梦想。在历史和现实的共鸣中升华热爱祖国、热爱家乡的情感。

最后,引申到当前新时代背景下"引江济淮"工程为了解决城乡供水和发展江淮航运为主,结合灌溉补水和改善巢湖及淮河水生态环境的大型跨流域调水工程。总结引江济淮是继新中国治理淮河以后又一次跨区域水资源调配工程,更是一项促进城乡均衡发展的民生工程,也是党中央致力于区域协调发展的战略工程,是新时代"绿水青山就是金山银山"在安徽大地上的生动实践。

知识点3:新安江水系。

新安江位于安徽省南部,是钱塘江的正源。其上游率水发源于休宁县境内海拔约1600米的怀玉山主峰六股尖,北流至祁门县的凫溪口折向东流,到黄山市的屯溪与源自黟县的横江汇合,至歙县境内纳入练江、昌沅等支流,在深度附近折向东南,切穿天目山脉,进入浙江,在梅城镇附近注入钱塘江干流。

水文特征:水系发达、源短流急、山溪性河流、水能资源丰富。

师生互动:试分析安徽省三大水系水文特征差异的主要自然地理因素。

教学环节三:安徽省水资源及其开发利用

出示图表,介绍安徽省地表水资源、地下水资源分布。通过分析图表,让学生概括安徽省水资源时空分布特点;通过展示安徽省部分农村农业用水和城市生活用水的数据及图片,让学生试评价安徽水资源利用现状及主要存在的问题。可提示学生从以下几方面进行概述:水资源时空变化大,水旱灾害多发,利用率低;水土流失严重;地下水资源超量开采严重;水质污染;农村水利基础设施不完善,水资源利用率低。

思政元素融入设计:通过评价安徽省水资源分布及利用状况,知道安徽省虽然水资源丰富,但是水资源时空变化大,水旱灾害频发,利用率低,加之地下水开采严重,水质污染,水环境不容乐观,培养学生树立正确的资源观、环境观和可持续发展观,养成合理利用水资源、保护水资源、节约用水的习惯。

坚持节约优先,着力提高水资源综合利用水平。习近平同志强调,治水包括开发利用、治理配置、节约保护等多个环节;当前的关键环节是节水,从观念、意识、措施等各方面都要把节水放在优先位置;我国的水情决定了我们必须立即动手,加快推进由粗放用水方式向集约用水方式的根本性转变。

教学环节四:课后拓展

(1)水资源合理利用:安徽省跨流域、区域调水;加强水资源开发利用控制红线管理;加强用水效率控制红线管理;加强水功能区限制纳污红线管理。

(2)水环境污染的修复:物理修复;生物控制;人工湿地处理技术。

思政元素融入设计:2014年,习近平总书记就保障国家水安全问题发表了重要讲话,深刻分析了当前我国水安全的严峻形势,系统阐释了保障国家水安全的总体要求,明确提出了新时期治水的新思路,为我们强化水治理、保障水安全指明了方向。

教学环节五:总结归纳

通过学习安徽水系与水资源,学生了解并掌握安徽省水资源时空分布规律及水文特征与水系特征,通过视频学习了解安徽省历史上的水患及治理,培养学生关怀历史、尊重现实的家国情怀;通过案例分析了解安徽水环境的污染与治理过程,树立正确的资源观和环境观。习总书记提出的"节水优先、空间均衡、系统治理、两手发力"治水思路,既是实践经验的总结,也是思想理论的发展,对推进中华民族治水兴水大业具有重大而深远的意义。节水优先,是倡导全社会节约每一滴水,营造亲水惜水节水的良好氛围,努力以最小的水资源消耗获取最大的经济社会生态效益;空间均衡,是坚持量水而行、因水制宜,以水定城、以水定产,从生态文明建设的高度审视人口、经济与资源环境的关系,强化水资源环境刚性约束;系统治理,是统筹自然生态各种要素,把治水与治山、治林、治田有机结合起来,协调解决水资源问题;两手发力,是政府和市场协同发挥作用,既使市场在水资源配置中发挥好作用,也更好发挥政府在保障水安全方面的统筹规划、政策引导、制度保障作用。当前,我国水安全形势严峻,我们一定要把习近平同志治水兴水的新思想、新思路、新要求落到实处,加快推进治水兴水新跨越,为实现中华民族伟大复兴的中国梦提供更加坚实的水安全保障,为子孙后代留下生存发展的资源和空间。

(五)教学反思

本节课通过基于案例的讨论教学、视频教学、翻转课堂等教学手段讲授安徽省的水系与水资源,在课堂教学实施阶段,通过地图教学、案例展示、提问讨论等环节充分调动学生参与课堂教学活动,课堂氛围活跃,各教学环节紧张有序地开展,学生构建较为完整的知识体系,同时又注重前后因果的分析;通过融入课程思政元素,引导学生形成正确的资源观、环境观和可持续发展观,深化习近平总书记关于保障水安全重要讲话精神,强化了学生热爱祖国、热爱家乡的情感。

四、课件

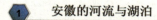

安徽省水系与水资源

1. 安徽的河流与湖泊
2. 安徽水资源及其开发利用

一、安徽的河流与湖泊

安徽三大流域中，淮河的流域面积最大，占全省总面积的48%；长江流域略小，占47.4%；新安江流域面积最小，占4.6%。

安徽三大水系比较

	长江流域	淮河流域	新安江流域
安徽境内干流河长（km）	400	370	240
天然径流量（2005年）($10^8 m^3$)	328.58	308.23	35.39
安徽境内流域面积（km^2）	66 000	67 000	6 400
流域面积占安徽总面积的比例（%）	47.4	48	4.6

注：数据来源于教材，张理华，张群，周秉根.安徽资源环境[M].合肥：合肥工业大学出版社，2010.

安徽的河流主要为外流河，湖泊为淡水湖。以雨水补给为主，径流量大，含沙量小，汛期较长，淮河以北地区河流有冰期，淮河以南河流没有明显的冰期。径流量的地区差异与降水量地区差异相一致。

安徽省 2010 年水资源情况（亿 m^3）

流域分区	地表水		地下水		重复量		水资源总量
淮河流域	201.92	+	89.96	−	48.45	=	250.37
长江流域	584.95		94.44		14.33		599.28
新安江流域	89.40		13.41		0		89.40
全省	876.27		197.81		62.78		939.05

注：数据来源于安徽水资源公报2010.

（一）长江下游水系

长江入安徽境内呈**西南—东北**流向，沿途流经宿松、望江、东至、怀宁、安庆、桐城、枞阳、池州、铜陵、无为、繁昌、芜湖、和县、当涂、马鞍山等县市，习称八百里皖江。长江下游**河床比降小，水流平缓，沙洲、汊道发育，沿岸地势低平，江岸变化较大**。

长江水量丰富，年际变化幅度相对较小。年内分配也相对均匀。江流含沙量较小，终年不冻，航道条件优越，但每年汛期受上、中游洪水及下游海潮顶托，加上暴雨、台风影响，**防汛任务很重**。

（二）淮河中游水系

淮河是安徽第二大河，流经阜南边境一段为河南、安徽两省的界河，白三河尖以下进入安徽境内，经霍邱、颍上、寿县、凤台、淮南、怀远、蚌埠、凤阳、五河、嘉山等县市，从嘉山县红山头以下泄入洪泽湖。安徽境内属淮河中游。

淮河流域由于降水年内分配集中程度高，年际变幅大，又多暴雨，淮河水量年际年内变化均较大。正常年汛期水量一般占年总水量的60%—70%，淮河水量有限，年际、年内变化又较大，给开发利用带来一些困难，夏季防汛任务也很艰巨。

淮河对安徽北部的经济发展具有重要意义。

视频学习《一定要把淮河修好》

思考：1."一定要把淮河修好"的历史背景是什么？
　　　2.淮河水患频发的地理因素。

思政元素

家国情怀，树立热爱祖国、情系家乡的情感、态度和价值观，深刻领悟新时代安徽区域资源开发保护的现实意义和历史价值。

a. 佛子岭水库

b. 磨子潭水库

注：图a授课教师拍摄于2019年4月；
　　图b来源于百度图片。

安徽淮河流域湖泊总面积约1800km²，湖泊率为2.7%。主要湖泊如右表所示。

这些湖泊的形成，主要是由于历史上黄河南泛侵淮时带来的大量泥沙，经过长时期沉积将河床淤高，河道下游排水不畅，在河道低洼处积水成湖。现在城西湖、城东湖及瓦埠湖均已建为淮河中游的蓄洪区，对降低洪峰，保证淮北大堤的安全起着重要作用。

注：图表及数据来源于教材，张理华，张群，周葆华.安徽资源环境[M].合肥：合肥工业大学出版社，2010.

（三）新安江水系

新安江位于安徽省南部，是钱塘江的正源。其上游率水发源于休宁县境内海拔约1600米的怀玉山主峰六股尖，北流至祁门县的凫溪口折向东流，到黄山市的屯溪与源自黟县的横江汇合，至歙县境内纳入练江、昌沅等支流，在深度附近折向东南，切穿天目山脉，进入浙江，在梅城镇附近注入钱塘江干流。

新安江水系特征：

- 水系发达
- 源短流急
- 山溪性河流
- 水能资源丰富

注：图表及数据来源于教材，张理华，张群，周葆华.安徽资源环境[M].合肥：合肥工业大学出版社，2010.

二、安徽水资源及其开发利用

（一）安徽地表水资源

比较项	全国平均	安徽	安徽占全国的比例（%）
水资源总量（$10^8 m^3$）	28 053.1	719.25	2.56
地表水资源量（$10^8 m^3$）	26 982.4	672.20	2.49
地下水资源量（$10^8 m^3$）	8 091.1	195.41	2.42
地表水与地下水资源重复量（$10^8 m^3$）	7 020.4	148.36	—
人均水资源量（m^3/人）	2 145	1 175	54.78
单位土地水资源量（m^3/hm）	2 922.3	5 125.7	175.4
单位耕地水资源量（m^3/hm）	21 572.7	17 608.4	81.6

注：图表及数据来源于教材，张理华，张群，周葆华.安徽资源环境[M].合肥：合肥工业大学出版社，2010.

（二）安徽地下水资源

表5-11 安徽淮北地区地下水资源量占水资源总量的比重

地区	全部水资源总量（$10^8 m^3$）	地下水资源量（$10^8 m^3$）	占水资源总量的比例（%）	地表水与地下水资源重复量（$10^8 m^3$）
安徽省	719.25	195.41	27.17	148.36
淮北市	13.36	5.66	42.36	2.62
亳州市	43.83	18.43	42.05	8.51
宿州市	43.03	17.96	41.74	6.07
蚌埠市	31.75	12.27	38.65	5.98
阜阳市	66.54	23.14	34.78	11.09
淮南市	9.90	4.26	43.03	2.34

思考： 根据图表信息概括安徽地表水和地下水资源的特征？

注：图表及数据来源于教材，张理华，张群，周葆华.安徽资源环境[M].合肥：合肥工业大学出版社，2010.

思考

1. 评价安徽水资源利用现状及主要存在的问题？
2. 如何提高安徽省水资源的利用效率？请从国家层面和个人行为方面提出有效策略。

思政元素

生态保护意识，树立正确的资源观和环境观，生活中践行保护水资源、节约用水的理念，切实践行"绿水青山就是金山银山"生态理念。

"环境法学"课程思政教学设计案例

一、课程简介

1. 课程性质

环境法学是环境科学与工程专业的专业方向课,34学时,2学分,开设在第五学期。环境法学是法学与环境科学相结合的一门边缘性科学,具有明显的自然科学和社会科学交叉渗透的特点。

2. 课程内容

环境法学主要介绍环境法的基本概念、基本知识和基本理论,详细介绍我国现行环境法的法律体系、基本原则、基本法律制度等,重点讲解与环境相关的单项类法律,如污染防治法、自然保护法、环境侵害救济法等,系统讲解与环境治理、环境诉讼、生态文明建设等密切相关的法律知识和法学原理。

3. 授课教师

王瑜,博士,副教授,自2010年开始作为环境法学的主讲老师,陆续开设了面向全校师生的环境法学子课程、MOOC形式的"案"说法律和环境法学。主持了安徽省重大教学研究项目——省级大规模在线课程示范项目和教学示范课等。获得了2020年安徽省省级线上教学新秀称号以及2021年校级课程思政教学设计大赛教案赛中理科组二等奖的荣誉。

二、课程思政资源分析

(一)课程思政建设目标

环境法学课程思政设计以社会主义核心价值观为指导,以实现中华民族伟大复兴的中国梦为愿景,帮助学生了解环境领域的法律法规和相关政策,引导学生深入关注现实生态环境问题，培育学生爱国、敬业、诚信、德法兼修的职业素养。达到将课程目标中的知识目标、能力目标和思想政治教育目标并重，将价值观塑造有机地融入能力培养和知识传授之中，实现专业素质教育和思想政治教育双赢的建设目标。

思政目标1：家国情怀。教育学生热爱祖国，要做一个对祖国、对社会、对人民有用的人，要有大格局、大视野，不能仅仅思考自己，更要"达则兼济天下"。培养学生具有健全的人格、良好的人文素养和法制素养，具有较强的社会责任感、使命感、国家荣誉感，树立为中华民族的伟大复兴而努力学习的坚定信念。

思政目标2：依法治国理念。引导学生牢固树立法治观念，坚定走中国特色社会主义法治道路的理想和信念，深化对法治理念、法治原则、重要法律概念的认知，提高运用法治思维和法治方式维护自身权利、参与社会公共事务、化解矛盾纠纷的意识和能力。

思政目标3：沟通、合作及学习能力。具有很强的团结协作意识和沟通能力，能够进行有效的交流和沟通。学习能力强，具备自主学习和终身学习的能力，能够进行自主创新。

（二）课程思政融入方式

（1）教学渗透。环境法学主要涉及国家的环境保护和依法治国两大方针，因此在教学过程中通过教学渗透，让学生深刻体会生态兴则文明兴。生态文明建设已经纳入国家发展总体布局，建设美丽中国已经成为人心向往的奋斗目标。明确生态文明建设需要环境法治保驾护航，环境法治为生态文明建设提供制度性保障。引导学生尊法、学法、守法、善用法。

（2）案例示范。通过中国历史上有记录的第一部环境保护法——战国时期《田律》的引入，探讨古今环境保护的异同，让学生领悟中国环境保护具有深厚的文化基础。对学生进行爱国主义教育，激发民族自豪感，坚定理想信念，让学生深刻体会到良好的生态环境是民之所愿，鼓励大学生抓住时代机遇，让自己人生出彩，为祖国多做贡献。

（3）故事分享。通过讲述安吉县牺牲环境砍竹伐林、大力发展工业仍然贫穷，但保护环境、发展农家乐反而日渐富裕的故事，让学生意识到绿水青山就是金山银山。指出生态环境安全与我们息息相关，作为新时代的大学生应坚定不移地贯彻环境保护的基本国策，让学生学会尊重自然、顺应自然、保护自然，培养学生的生态文明观。

（4）拓展阅读。看故事片《湄公河行动》，思考法律的适用问题，即法律的适人范围、适地范围、适时范围、适事范围是什么。引导学生思考正义和法律的区别。

（5）课堂讨论。以紫金矿业集团股份有限公司先后两次发生含铜酸性溶液渗漏，造成汀江重大水污染事故为切入口，分析产生环境问题的原因，探讨环境保护与经济发展的关系。培养学生坚定不移走生态优先、绿色发展之路的信心和决心，培养学生用全面、辩证、长远的眼光看待我国的发展，牢固树立"绿水青山就是金山银山"理念。

三、教学案例展示

公益环境诉讼

通过讨论环保联合会代理的公益诉讼案例,引入环境公益诉讼的定义、特征、实现形式,强调生态环境安全与我们的生活息息相关,环境保护没有"吃瓜群众",环境保护可以"狗拿耗子"。引导学生牢固树立法治观念,坚定不移地贯彻环境保护的基本国策,坚定走中国特色社会主义法治道路的理想和信念。

(一)教学目标

1. 情感态度与价值观目标

(1)通过掌握公益环境诉讼的基础知识,提升大学生的法律意识。
(2)培养学生严谨的法学素养、辩证的发展理念和爱国情怀。

2. 知识与技能目标

(1)深化对法治理念、法治原则、重要法律知识的认知。
(2)具备"学法辨是非、用法止纷争"的能力。

3. 过程与方法目标

(1)锻炼学生的团队合作能力、交流表达能力。
(2)让学生具备运用现代技术手段获取法律信息和查阅典型案例的能力。

(二)教学重难点

教学重点:通过环境公益诉讼特征的分析,学生能够掌握社会主义生态价值观,进而开展爱国主义教育、依法治国理念的宣传,提升学生的民族自豪感等。

教学难点:通过环境公益诉讼的实施,学生能够辩证地思考经济与发展的关系,进而提升学生的主人翁意识和国家认同感。

(三)教学方法、教学资源

教法:线上线下相结合、以案释法、任务驱动法、课堂讨论、课前课中课后全过程考核等。

学法:MOOC在线自主学习、在线测试并统计,课中智慧教学工具学习通投屏+随机提问+竞答+分组讨论等,课后在线答疑。

教学资源:
(1)曹明德,等.环境与资源保护法[M].4版.北京:中国人民大学出版社,2020.

(2) 金瑞林,等.环境法学[M].4版.北京:北京大学出版社,2016.
(3) 周珂,等.环境法学[M].5版.北京:中国人民大学出版社,2016.
(4) 中国大学MOOC"环境资源法学"(西南政法大学,张志辽等):https://www.icourse163.org/course/SWUPL-1449277162.
(5) 安徽省e会学平台"环境法学"(安庆师范大学,王瑜等):http://www.ehuixue.cn/index/Orgclist/course? cid=34394.
(6) 超星平台"环境法学"(安庆师范大学,王瑜等):https://mooc1.chaoxing.com/course-ans/ps/22369406.

(四) 教学过程

教学环节一:课前自主学习+课前作业

教师在线发布开课前的案例——环保联合会诉某公司水污染民事公益诉讼案,明确课程的学习目标、学习任务和具体的学习要求。

思政元素融入设计:保护环境是我国基本国策。

教学环节二:课堂教学

通过智慧教学工具完成课堂教学的签到、在线测试检验课前学习情况,并分组开展课堂讨论。

思政元素融入设计:在案例的讲解及讨论过程中,逐步引导学生思考。

(1) 生态环境保护无小事。在生态环境保护问题上实行零容忍,绝不允许越雷池一步,只有坚信这个理念,绿水青山才能成为金山银山。

引导学生思考:绿水青山,意味着民生所系、民心所盼,代表着金山银山可持续发展,此外还有一个重要的内涵——安全。提升环境质量、解决好百姓关注的环境安全问题,已成为我国面临的新考验。

共鸣:作为新一代大学生,生态保护是大学生必须扛在肩头的责任和担当,应把生态环境放到更加突出的位置,为民谋利,为国分忧。

(2) 倡导公益诉讼是国家生态文明建设战略的重要举措。

引导学生思考:为什么生态文明建设是关系中华民族永续发展的根本大计？为什么保护生态环境,关系人类生存,关乎国家的未来？

共鸣:倡导学生从中华民族永续发展千年大计的历史高度持之以恒地保护生态环境,把当代人的发展控制在不损害后代子孙赖以生存的环境资源根基范围之内,为子孙后代留下天蓝、地绿、水净的生产生活环境。

(3) 倡导环境公益诉讼是依法治国的体现,是大国智慧和大国担当的体现。

引导学生思考:在依法治国过程中,我国用公益诉讼来保障公众环境权益,这是中国整个生态环境保护的组合拳中的有机组成部分,是中国惠及全人类的行动之一,体现了我们的大国智慧和大国担当。

共鸣:引导学生牢固树立法治观念,坚定走中国特色社会主义法治道路的理想和信念,深化对法治理念、法治原则、重要法律概念的认知。

(4) 倡导公益诉讼体现全球生态观。

引导学生思考:建立在生态科学基础上的生态观体现了辩证唯物主义的基本思想,它能在处理人与自然的矛盾中发挥重要作用。

共鸣:当代大学生应积极践行生态全球观,努力学习新知识、新技能,积极应对全球环境问题,着力破解绿色发展难题以及创新国际生态治理模式,进而为全球生态治理贡献中国智慧与中国方案。

教学环节三:课后拓展

(1) 课后思考:如何认识良法是善治之前提?

(2) 课后查阅:查找环境公益诉讼案例并学着分析这些案例。

(五) 教学反思

将社会主义核心价值观润物无声地融入环境法学课程教学中,潜移默化地引导同学们理解、领悟、认同并践行一个"环境人"的责任与使命,逐步引导学生树立正确的个人价值观和专业责任感。"欲明明德于天下"则必先"修身",只有摆正个人的价值观,才能进一步理解社会层面的价值观,最后到达国家层面的高度。

四、课件

环境保护没有吃瓜群众——环境公益诉讼

教学目标

案例分析

2012年1月至2013年2月，6家企业将生产过程中产生的危险废物废盐酸、废硫酸总计2.5万余吨，以每吨20～100元不等的价格交给无危险废物处理资质的相关公司偷排进某市某运河、某市某区干河中，导致水体严重污染。该市环保联合会诉请法院判令6家被告企业赔偿环境修复费1.6亿余元、鉴定评估费用10万元。

讨论：由该市环保联合会提起公益诉讼的做法是否合理、合法？法律依据？

1.1 环境公益诉讼的定义

- **环境公益诉讼**：是一种允许与争议案件无直接利害关系的原告出于保护环境公益的目的，以行政机关或者环境利用行为人为被告向法院起诉的行政诉讼或者民事诉讼。

以人民为中心

1.2 环境公益诉讼的特征

1.3 环境公益诉讼的实现方式

1.4 环境公益诉讼的法律依据

《中华人民共和国环境保护法》

1.5 环境公益诉讼主体的类型

立善法于天下，则天下治

以法治建设守护美丽中国

1.6 环境公益诉讼主体的资格

《中华人民共和国环境保护法》

保护环境，人人有责
主人翁意识，国家认同感

讨论：环境保护为什么需要公益环境诉讼

环境保护，有深厚的传统文化根基

保护环境，基本国策

公地的悲剧　　田律

总结+深度思考：

- 内涵
- 资格、时效、证据原则、行政与民事并举
- 重要性
- 特征
- **公益诉讼**
- 类型
- 主体
- 类型及资格
- 行政和民事

绘制思维导图，拍照上传

思考与拓展

(1) **课后思考**：如何认识良法是善治之前提？

(2) **课后查阅**：查找环境公益诉讼的案例并试着分析这些案例。

"大气污染控制工程"课程思政教学设计案例

一、课程简介

1. 课程性质

大气污染控制工程是高等学校环境工程专业本科生的一门重要专业核心课,共计51学时,3学分,先修课程为高等数学、物理、环境学、有机化学等。

2. 课程内容

主要讲授大气污染控制的基本理论与技术,包括大气污染物来源、分类、综合防治措施,燃料燃烧与大气污染,大气污染气象学与污染物扩散理论,气溶胶和气态污染物控制技术,除尘装置等内容。

3. 授课教师

刘海军,博士,副教授,硕士生导师,主要从事石油污染生态修复研究,主持省级质量工程项目"大气污染控制工程课程思政示范课程"、校级重大教学改革研究项目"大气污染控制工程课程思政示范项目"等教研项目。

二、课程思政资源分析

(一)课程思政建设目标

推进课程思政教学改革,要时刻牢记"立德树人"的根本任务,以期培养政治立场坚定,道德品质高尚,专业理论扎实和技术本领过硬的社会主义建设者和接班人。高等院校作为培养德才兼备的环境专业人才的摇篮,为生态文明建设源源不断地注入新鲜的血液做出了贡献。对"大气污染控制工程"进行课程思政教学改革,是培养大气污染控制领域专门人才的基本需求,是为党育人为国育才的具体体现,是构建科学生态文明建设体系的重要路径。

思政目标 1：夯实理论基础。熟悉大气污染控制工程领域的基础理论知识，掌握大气除尘设备构造和原理，了解烟气脱硫脱硝、VOCs 污染控制、PM 2.5 与 O_3 协同控制、双碳计划等前沿动态，培养学生分析并解决实际问题的能力，为我国大气污染综合防治的相关科学研究、技术开发与应用打下坚实理论基础。

思政目标 2：提升学术素养。强化理论与实践教学环节互通互联，帮助学生树立专业自信，激发学习热情，引导学生践行社会主义核心价值观、民族精神和时代精神，通过对课程知识点的观察、想象、思考、判断、推理等方式来培养学生的科学思维能力和创新意识，从而提升学生的基本工程学术素养。

思政目标 3：塑造健全人格。推动理论教学与思政育人有机融合，课堂是育人的主阵地，既要强化专业理论教学，又要弘扬思政理念，坚持教书与育人相统一，学术自由与学术诚信相结合，帮助学生树立正确的人生观、价值观和世界观，提升专业认同感，塑造健全人格，以期达到立德树人的根本任务。

（二）课程思政融入方式

系统挖掘大气污染控制工程课程理论知识体系中所蕴含的系列哲学元素、科学认知论、爱国情怀与文化自信以及生态安全与环保意识等思政元素，通过教学渗透、案例示范等方式，实现课程理论知识点与思政元素的有机融合。

（1）教学渗透。例如，在讲授全球性大气污染问题时，可以引入"地球村"概念，鼓励学生从宏观和全球视野出发，培养学生的主人翁意识，积极投身生态文明建设。在讲授气体状态污染物分类时，引导学生用发展的眼光看待气态污染物形成机理，依据排放后是否发生化学或光化学反应将其划分为一次污染物或二次污染物。

（2）案例示范。例如，在讲授气溶胶状态污染物时，设置思考问题："2019-nCoV 新冠病毒是否会通过气溶胶传播？在什么样的条件下存在传播的可能？"解析过程：我国科学家以较快的反应速度证实了新冠病毒可借助气溶胶传播；同时，开发开源免费的排风环境污染快速分析方法及程序，并应用于武汉雷神山、火神山医院建设，降低了新冠病毒二次污染风险；通过团结攻关，解析病毒、开发疫苗，向全世界分享经验。弘扬我国科学家团结协作、不畏艰难、甘于奉献的精神风貌，坚持理论联系实际的优良作风；让学生意识到民族进步与国家强盛离不开科学技术的支撑，培养学生的学习热情、民族自豪感以及家国情怀。

三、教学案例展示

气态污染物控制技术基础（吸收）

气体吸收是利用液体洗涤含污染物的废气，实质上是气体污染物分子从气相向液相吸收的相际间质量传递过程，是气态污染物控制的一种重要单元操作。本节主要讲授物理吸收原理（双膜理论、吸收速率方程）以及物料衡算（吸收操作线方程、吸收塔设计）。通过对气体吸收基本原理和设备的详细讲授，为大气保护领域人才培养打下坚实基础。

（一）教学目标

1. 情感态度与价值观目标

通过推动理论教学与思政育人有机融合,在强化专业理论教学的同时,充分弘扬思政教育理念,坚持教书与育人相统一,学术自由与学术诚信相结合,学生能够树立正确的人生观、价值观和世界观。通过强化理论与实践教学环节互通互联,学生能够树立专业自信、激发学习热情,有助于引导学生践行社会主义核心价值观、民族精神、时代精神、工匠精神。

2. 知识与技能目标

通过对大气污染控制工程领域的基础理论知识的系统讲解,帮助学生理解并掌握气液传质双膜理论、吸收塔构造与设计计算等重点知识,使学生能够不断提升其解决问题和实践动手能力,为以后从事大气污染防治相关的科学研究、技术开发与应用打下基础,更好地服务于生态文明建设需求。

3. 过程与方法目标

通过围绕气体污染物吸收这条知识主线,明确教学目标,把握教学内容重难点,对关键内容做到心中有数,精心设计重难点讲授方法,合理安排教学过程,使学生能够锻炼观察、想象、思考、判断、推理等科学思维能力,提高创新意识,培养严谨的科学品质。以专业理论知识和思政教育有机融合为原动力,为培养德才兼备的高级专业人才打下坚实基础。

（二）教学重难点

教学重点:气体吸收的亨利定律、双膜理论;吸收速率方程与传质推动力计算;吸收塔塔高计算。

教学难点:吸收速率推导与计算;吸收塔高度计算。

（三）教学方法、教学资源

教法:引导启发法、自主探究法、小组讨论法、案例分析法。
学法:自主学习法、探究学习法、合作学习法。
教学资源:
(1) 郝吉明,等.大气污染控制工程[M].4版.北京:高等教育出版社,2021.
(2) 吴忠标,等.大气污染控制工程[M].北京:科学出版社,2018.
(3) 学堂在线"大气污染控制工程视频资料"(清华大学,郝吉明等):https://www.xuetangx.com/course/THU08251000277/10322509? channel = i. area. related_search.

（四）教学过程

教学环节一：导入新课

采用与生活密切相关的素材为教学案例，形象引入气态污染物的不同消减工艺，提高学生的学习兴趣和积极性，为构筑扎实理论体系打下坚实基础。

（1）吸收：混合气体组分从气相到液相的相间传递过程。以工业排气中 SO_2 的双转双吸工艺为例，形象地介绍吸收原理。

（2）吸附：选用多孔固体吸附剂将气体混合物中一种或多种组分富集于固体表面。以活性炭对房屋装修的甲醛和 PAHs 等污染气体吸附为例，形象地介绍固体吸附剂功能。

（3）催化：利用催化反应器将污染气体转化为无害或易于处理与回收利用物质的一种净化方法。以汽车尾气净化器为例，形象地介绍催化剂功能。

思政元素融入设计：讲授气态污染物吸收、吸附、催化的基本理论与技术。阐述事物的属性是无限多样的，正如"一沙一世界"，要坚持具体问题具体分析的原则（不同属性的气体污染物）。只有充分认识了事物的客观规律，才能做到有的放矢（不同的控制技术）。气态污染物控制亦是如此。

教学环节二：验收课前任务点

教师在雨课堂平台发布课前学习任务：污染气体吸收章节的配套课件、MOOC 视频以及预习试题等资料；明确学习目标和讨论探究主题；通过平台数据统计分析学生学习情况；针对性点评学习情况，鼓励学生积极主动学习。

教学环节三：课堂任务——气态污染物吸收

知识点1：吸收与亨利定律。

亨利定律：在进行物理吸收时，常用亨利定律来描述气液两相间的相平衡关系。研究表明当总压不高（一般约小于 $5 \times 10^5 \text{Pa}$）且一定温度下，稀溶液中溶质的溶解度与气相中溶质的平衡分压成正比。

三种公式：
$$P_A^* = c_A/H; \quad P_A^* = E \times x_A; \quad y_A = m \times x_A$$

亨利系数关系：
$$E = m \times p; \quad E = c_0/H$$

思政元素融入设计：利用亨利定律揭示气液吸收平衡规律。坚持从客观实际条件出发（总压不高、一定温度、稀溶液），遵循事物的客观规律（三种公式），才能更好地认识和利用客观规律（亨利系数 H、E 和 m 的潜在联系）。

知识点2：双膜理论与吸收速率。

双膜理论模型（图1）的基本要点：当气液两

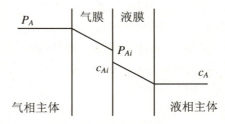

图1　双膜理论模型

相接触时,两相之间存在一个相界面,且相界面两侧分别存在呈层流流动的气膜和液膜。气体分子则以分子扩散方式从气流主体连续通过这两个膜层而进入液相主体。同时,在相界面上气液两相的浓度总是相互平衡的,即相界面上不存在吸收阻力。在膜层以外的气液两相主体内,由于流体的充分湍动,溶质呈均匀分布,即两相主体内不存在浓度梯度,也就是说,浓度梯度全部集中在气液两层膜内。

思政元素融入设计:利用双膜理论模型阐述吸收传质过程。巧妙渗透"模型思想",针对要解决的具体问题,构造相应的理论模型,将复杂问题简单化,抽取关注的核心知识点进行研究,培养学生学习复杂工程理论的兴趣,锻炼学生创造力和分析能力,提升学生的专业核心素养和专业自信心。

吸收速率计算要点:吸收质在单位时间内通过单位面积界面而被吸收剂吸收的量称为吸收速率,其可以反映吸收过程的快慢程度。而吸收传质速率方程是表达吸收速率及其影响因素的数学表达式。

(1) 气相分传质速率方程(气相主体与两相间界面)
$$N_A = k_y \times (y_A - y_{Ai}); \quad N_A = k_g \times (P_A - P_{Ai})$$

(2) 液相分传质速率方程(液相主体与两相间界面)
$$N_A = k_x \times (x_{Ai} - x_A); \quad N_A = k_l \times (c_{Ai} - c_A)$$

(3) 总传质速率方程:以一相的主体浓度与另一相中该组分平衡时的虚拟浓度差为总传质过程推动力,可分别获得吸收过程的气相和液相总传质速率方程。

气相总传质速率方程
$$N_A = K_y \times (y_A - y_A^*); \quad N_A = K_g \times (P_A - P_A^*)$$

液相总传质速率方程
$$N_A = K_l \times (c_A^* - c_A); \quad N_A = K_x \times (x_A^* - x_A)$$

思政元素融入设计:从分类法角度解析气相分传质速率方程、液相分传质速率方程、总传质速率方程等工程数学难题。通过比较事物之间相似性,把具有某些共同或相似特征的事物归于一个集合,使大量繁杂信息条理化、系统化,便于发现和掌握事物发展的普遍规律,有利于培养学生推理演绎能力和专业自信心。

吸收系数之间的内在联系:根据双膜理论模型可知,由于单位时间内吸收质从气相主体传递到相界面上的通量等于从相界面传递到液相的通量,因此总传质速率等于气相分传质速率也等于液相分传质速率。

易溶气体组分在吸收剂中的溶解度较大,平衡常数 m 值较小,如碱或氨溶液吸收 SO_2 的过程,属于"气膜控制"。难溶气体组分在吸收剂中的溶解度较小,m 值较大,如碱液吸收 CO_2、水吸收 O_2 等过程,属于"液膜控制"。对于 m 值适中时,组分在气液两相中所表现出的传质阻力均不能忽略,其传质速率由气液双层膜的传质过程共同控制,如水吸收 SO_2、丙酮等过程。

思政元素融入设计:结合分传质和总传质吸收系数的内在关系(K 和 k),客观认识个体与整体之间的辩证联系。整体由个体组成,但个体和整体之间又无法完全分离,即"存在内在的客观联系"。学习过程中只坚持用辩证的思维看待问题,才能把握事物的客观规律(液膜或气膜控制)。

知识点3:气液界面浓度与吸收操作线方程。

界面浓度讲解要点:气液界面上浓度难以采用传统的取样分析法测定,往往需要借助经典的作图法和解析法计算获取相界面浓度信息。

(1)作图法:由于两相界面上的溶质时刻处于平衡状态,所以界面上液相、气相浓度的坐标点 $b(x_{Ai}, y_{Ai})$ 一定在气液平衡线上,那么该直线与气液平衡线的交点坐标即为两相界面浓度。具体如图2所示。

(2)解析法:由于稀溶液服从亨利定律,可以采用解析法计算气液两相的界面浓度。将 $(y_A - y_{Ai})/(x_A - x_{Ai}) = -k_x/k_y$ 和 $y_{Ai} = m \times x_{Ai}$ 两公式联立求解,即可获得气液两相的界面浓度 x_{Ai} 和 y_{Ai}。

思政元素融入设计: 突破思维定势,转换思维视角,利用作图法或解析法思路,巧妙获取无法测定的界面浓度。引导学生从多角度来认识事物的客观规律,强化学习主观能动性,"君子生非异也,善假于物也",启示我们要充分发挥主观能动性,把握事物客观规律,积极创造条件,解决实际科学问题。

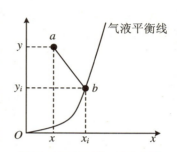

图2 气液平衡线辅助求解

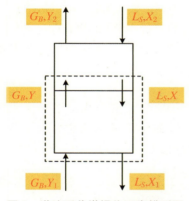

图3 逆流吸收塔操作示意模型图

物理吸收传质计算要点:

(1)吸收操作线方程。污染气体吸收净化常采用逆流连续操作,图3为一逆流操作吸收塔。对于非挥发性吸收剂,总物料平衡方程为 $G_1 - G_2 = L_1 - L_2$,通过转换可获得操作线方程

$$Y = \frac{L_S}{G_B}X + \left(Y_1 + \frac{L_S}{G_B}X_1\right)$$

操作线方程在 y-x 图上为一条直线。根据相平衡数据 y 和 x,可以获得气液平衡线。在吸收塔内的任一截面上,气相中溶质浓度均大于液相平衡时的气相溶质浓度,故而吸收操作线总是位于平衡线上方。操作线上任一点均代表塔内某一截面上液气组成 (X, Y),该点到平衡线的垂直和水平距离分别代表该截面上的吸收推动力 $(Y - Y^*)$ 和 $(X^* - X)$。

(2)吸收剂用量与液气比

如图4所示,若 A 点 (X_2, Y_2) 位置确定,当减少吸收剂流量 L_S 时,L_S/G_B 会减小。当操作线与气液平衡线相交时,液相浓度 X_1 和气相浓度 Y_1 达到平衡,即吸收液理论上达到最高浓度,以 X_1^* 表示,此时液气比称为最小液气比,以 $(L_S/G_B)_{min}$ 表示。在设计吸收塔时,应选择最佳液气比,使总费用最小;为保证吸收塔具有一定的生产能力,可取适宜的吸收剂用量 $L_S = (1.1 \sim 2.0)L_{S,min}$。

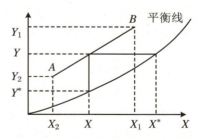

图4 吸收操作线和传质推动力模型

思政元素融入设计: 提倡"模型思想"渗透,借助模型巧妙实现吸收塔塔高、操作线方

程的推导计算。针对要解决的具体问题，构造相应的理论模型，将复杂问题简单化，抽取关注的核心知识点进行研究，培养学生学习复杂工程理论的兴趣，锻炼学生创造力和分析能力，提升学生的专业核心素养和专业自信心。

知识点 4：吸收塔高度计算。

为了实现吸收塔高度计算，需在吸收塔中任意选取一段高度为 dh 的微元来研究。对该微元中的溶质 A 作物料衡算，气相传质推动力为 $(Y-Y^*)$。对该微元进行积分，即可获得吸收塔高度 h 为

$$dh = \frac{G\,dY}{K_Y a(Y-Y^*)}, \quad h = \frac{G_B}{K_Y a}\int_{Y_2}^{Y_1}\frac{dY}{Y-Y^*}$$

$H_{OG} = \dfrac{G_B}{K_Y a}$，称为气相总传质单元高度，$m$。

$N_{OG} = \displaystyle\int_{Y_2}^{Y_1}\frac{dY}{Y-Y^*}$，称为气相总传质单元数。

吸收塔高度 h 可简化为 $h = H_{OG} \times N_{OG}$。同时，可用液相推动力 (X^*-X) 来计算吸收塔高度。在通常情况下，传质单元高度 H_{OG} 可以根据气体吸收的实际工艺条件来确认。在气液平衡线近似为直线的情况下，传质单元数 N_{OG} 可以采用对数平均推动力法求取。只需知道吸收塔的塔底物料信息 (X_1 和 Y_1) 和塔顶物料信息 (X_2 和 Y_2)，即可求得 N_{OG} 值。

例题讲解：填料塔内利用清水吸收空气中的氨气，空气的流量为 0.024 kmol/(m²·s)，其中氨气的摩尔比为 0.015，入口清水流量为 0.023 kmol/(m²·s)。操作条件下相平衡关系为 $Y=0.8X$，总体积传质系数为 $K_Y a = 0.06$ kmol/(m³·s)。如果氨气的吸收率为 99%，求填料塔高度为多少？

思政元素融入设计：以吸收塔高度计算为例，强化理论讲解，培养学生的工程学术素养。选取合适的工程数学教学案例，激发学生探究的眼光，强化演绎推理能力和培养工程数学应用意识，锻炼学生严谨的数学思维，并提升专业自信心。

教学环节四：归纳总结

通过对亨利定律、双膜理论、吸收塔高度计算等主要内容的讲授发现，作为理工科专任教师一定要认真钻研教材，吃透教材，才能围绕重难点开展恰如其分的设计和讲授，才能确保教学目标和教学任务的顺利完成。该门课程工科属性非常强，教学方法和教学手段尤为重要。巧妙运用"模型渗透"和"典型例题"等科学的教学方法和手段，围绕核心知识点，以思政教育理念为引领，可有效激发学生的学习热情和兴趣，锻炼学生的创新思维能力和演绎推理的本领。

教学环节五：课后延伸

(1) 名词解释：吸收及吸收速率、气液平衡、亨利定律、双膜理论。

(2) 计算题：在吸收塔内用清水吸收混合气中的 SO_2，气体流量为 5000 m_N^3/h，其中 SO_2 占 5%，要求 SO_2 的回收率为 95%，气、液逆流接触，在塔的操作条件下，SO_2 在两相间的平衡关系近似为 $Y^* = 26.7X$，试求：

① 若用水量为最小用水量的 1.5 倍，则用水量应为多少？

② 结合模型构建理念，用图解法求传质单元数，并计算填料塔高度。

（五）教学反思

大气污染控制工程是讲授大气污染控制理论与技术的基础课程。该课程与人们日常生活与工业生产密切相关，是打赢蓝天保卫战、加快美丽中国建设的基础理论和技术体系组成部分，蕴含大量的思政教育元素，在推行课程思政教学改革方面有着天然优势。新时代高校教师是思教融合的践行者，然而部分教师对其认知不够深刻。其一，对思政教育内涵的理解往往过于狭隘，认为思政教育和专业课程教育应各司其职分而教之；其二，认为类似于大气污染控制工程这种工科属性较强的课程即便融入思政教育也只能进行形式主义的说教；其三，往往专注于科研或教学，忽视了政治理论学习和哲学思维锻炼，最终导致了思教融合理论的匮乏。如何通过充分挖掘类似课程所蕴含的思政教育元素，将其与专业知识点相结合，从而引起学生共鸣激发学习动力，培养学生的家国情怀与社会责任感，促进"知识传授"与"思政育人"协同发展是广大教师共同面临的重大教改问题。

四、课件

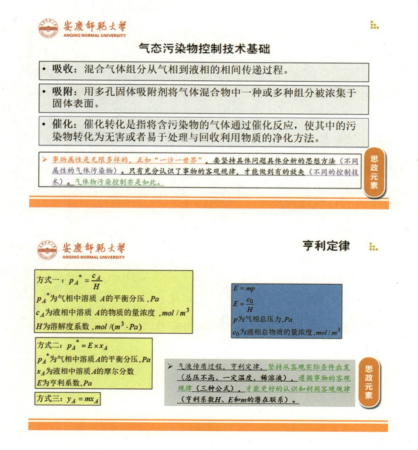

双膜理论模型

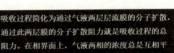

吸收过程简化为通过气液两层层流膜的分子扩散，通过此两层膜的分子扩散阻力就是吸收过程的总阻力。在相界面上，气液两相的浓度总是互相平衡，及相界面上不存在吸收阻力。

吸收速率：单位面积单位时间被吸收剂吸收的量

吸收速率 = 吸收推动力 × 吸收系数

吸收速率 = 吸收推动力 ÷ 吸收阻力

▶ "**模型思想**"渗透：针对要解决的具体问题，构造相应的理论模型，将复杂问题简单化，抽取关注的对象进行研究。培养学生学习工程理论的兴趣，锻炼学生创造力和分析能力，提升学生的专业核心素养和专业自信心，培养有情怀的学生。

思政元素

双膜理论模型

1. 气相分传质速率方程

$$N_A = k_y(y_A - y_{Ai})$$
$$N_A = k_g(p_A - p_{Ai})$$

p_A、p_{Ai} 分别为气相主体和相间界面上吸收组分的分压，Pa
y_A、y_{Ai} 分别为气相主体和相间界面上吸收组分的摩尔分率
k_y 为以 $y_A - y_{Ai}$ 为推动力的气相分吸收系数，$kmol/(m^2·s)$
k_g 为以 $p_A - p_{Ai}$ 推动力的气相分吸收系数，$kmol/(m^2·s·Pa)$

2. 液相分传质速率方程

$$N_A = k_x(x_{Ai} - x_A)$$
$$N_A = k_l(c_{Ai} - c_A)$$

c_A、c_{Ai} 分别为液相主体和相间界面上吸收组分的摩尔浓度，$kmol/m^3$
x_A、x_{Ai} 分别为液相主体和相间界面上吸收组分的摩尔分率
k_x 为以 $x_{Ai} - x_A$ 为推动力的液相分吸收系数，$kmol/(m^2·s)$
k_l 为以 $c_{Ai} - c_A$ 推动力的液相分吸收系数，m/s

▶ **从分类法角度解析工程教学难题**：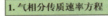通过比较事物之间的相似性，把具有某些共同点或相似特征的事物归属于一个集合。可以使大量繁杂的信息条理化、系统化，便于发现和掌握事物发展的普遍规律，有利于不断培养学生演绎推理的能力和专业自信心。

思政元素

双膜理论模型

3. 总传质速率方程

$$N_A = K_g(P_A - P_A^*)$$
$$N_A = K_y(y_A - y_A^*)$$
$$N_A = K_l(c_A^* - c_A)$$
$$N_A = K_x(x_A^* - x_A)$$

由于单位时间内吸收质从气相主体传递到相界面上的通量等于从相界面传递到液相的通量，因此总传质速率等于气相分传质速率也等于液相分传质速率。

4. 吸收系数

$$\frac{1}{K_g} = \frac{1}{k_g} + \frac{1}{Hk_l} \qquad \frac{1}{K_y} = \frac{1}{k_y} + \frac{m}{k_x}$$

$$\frac{1}{K_l} = \frac{1}{k_l} + \frac{H}{k_g} \qquad \frac{1}{K_x} = \frac{1}{k_x} + \frac{1}{mk_y}$$

$$K_l = K_g/H \qquad K_x = mK_y$$

▶ **客观认识个体与整体之间的辩证联系**：整体由个体组成，但个体和整体之间又无法完全分离，即"**存在内在的客观联系**"。学习过程中，要做到透过整体看个体，也要做到透过个体看整体，只有坚持用辩证的思维看待问题，才能把握事物的客观规律（液膜或气膜控制）。

思政元素

双膜理论模型

5. 界面浓度

a. 解析法

$$\frac{y - y_i}{x - x_i} = -\frac{k_x}{k_y}$$

x_i, y_i 可解

$$y_i = m x_i$$

b. 作图法

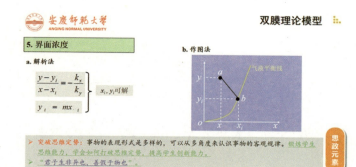

➤ 突破思维定势：事物的表现形式是多样的，可以从多角度来认识事物的客观规律。锻炼学生思维能力，学会如何打破思维定势，提高学生创新能力。

➤ "君子生非异也，善假于物也。"

【思政元素】

填料塔设计计算

吸收操作线方程

$$G_B(Y_1 - Y_2) = L_S(X_1 - X_2)$$

$$G_B(Y_1 - Y) = L_S(X_1 - X)$$

$$Y = \frac{L_S}{G_B} X + (Y_2 - \frac{L_S}{G_B} X_2)$$

吸收剂用量计算

$$L_s = G_B \frac{Y_1 - Y_2}{X_1 - X_2}$$

$$(L_s)_{min} = G_B (\frac{Y_1 - Y_2}{X_1^* - X_2})$$

吸收剂实际用量取最小用量的1.1~2.0倍。

"模型思想"渗透

填料塔设计计算

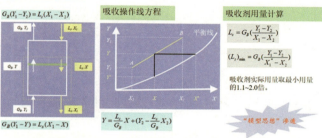

$h = \frac{G_B}{K_Y a} \int_{Y_2}^{Y_1} \frac{dY}{Y - Y^*}$

$h = \frac{L_S}{K_X a} \int_{X_2}^{X_1} \frac{dX}{X^* - X}$

$N_{OG} = \frac{Y_1 - Y_2}{\Delta Y_m}$

$\Delta Y_m = \frac{\Delta Y_1 - \Delta Y_2}{\ln \frac{\Delta Y_1}{\Delta Y_2}}$

$\Delta Y_1 = Y_1 - Y_1^* = Y_1 - m X_1$

$\Delta Y_2 = Y_2 - Y_2^* = Y_2 - m X_2$

K_{Ya} 为气相总体积传质系数，$kmol/(m^3 \cdot s)$
K_{Xa} 为液相总体积传质系数，$kmol/(m^3 \cdot s)$

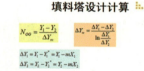

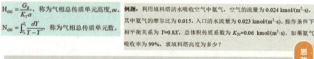

例：利用填料塔清水吸收空气中氨气，空气的流量为 0.024 $kmol/(m^2 \cdot s)$，其中氨气的摩尔比为 0.015，入口清水流量为 0.023 $kmol/(m^2 \cdot s)$。操作条件下相平衡关系为 $Y^*=0.8X$，总体积传质系数为 $K_{Ya}=0.06$ $kmol/(m^3 \cdot s)$。如果氨气吸收率为99%，求填料塔高度为多少？

➤ 以习题为例，培养工程数学核心素养：选取合适的工程数学教学案例，激发学生探究的眼光，强化学生创新能力和工程数学应用意识的培养，并锻炼学生严谨的数学思维。

【思政元素】

课后拓展

1. 名词解释

吸收速率、气液平衡、亨利定律、双膜理论。

2. 计算题

在吸收塔内用清水吸收混合气中的 SO_2，气体流量为5000 m^3_N/h，其中 SO_2 占5%，要求 SO_2 的回收率为95%，气、液逆流接触，在塔的操作条件下，SO_2 在两相间的平衡关系近似为 $Y^*=26.7X$，试求：

（1）若用水量为最小用水量的1.5倍，则用水量应为多少？

（2）结合模型构建理念，用图解法求传质单元数，并计算填料塔高度。

"大气污染控制工程"课程思政教学设计案例

"微生物学"课程思政教学设计案例

一、课程简介

1. 课程性质

微生物学是生物科学、生物技术、生态学和食品科学与工程专业开设的一门专业核心课程,51学时,3学分。开设在第四、五学期,该课程的先修课程为生物化学、细胞生物学等。

2. 课程内容

微生物学涵盖了微生物的形态结构、生理生化、生长繁殖、遗传变异、生态分布、传染免疫、分类鉴定以及微生物在工、农、医等方面的应用等内容。

3. 授课教师

李从虎,工学博士,副教授,硕士生导师,安徽省教坛新秀,长期从事微生物学、微生物发酵工程等课程的教学工作,主持安徽省教学研究重点项目1项,安徽省"六卓越一拔尖"项目1项,获安徽省教学成果奖二等奖和三等奖各1项,安庆师范大学课程思政教学大赛二等奖1项,安庆师范大学智慧教学创新大赛三等奖和教学技术创新奖各1项。

二、课程思政资源分析

(一) 课程思政建设目标

微生物无处不在,微生物对人类的作用就如同一把"双刃剑",利弊共存,那么人类要正确对待微生物就要趋利避害、化弊为利。通过课程学习,使学生不仅掌握微生物的基本理论和知识,更能够客观理性地分析事物的两面性,提高学生的辩证思维能力,树立辩证唯物主义世界观。

思政目标1:科学思维。通过对微生物知识、理论和发展规律的详细讲解,使学生认识到如何在掌握自然规律的基础上,达到微生物为人类服务的目的,最终培养学生求真务实、辩证唯物和客观理性的科学思维。

思政目标 2:家国情怀。通过介绍科学家们对微生物理论研究和应用做出的巨大贡献,展现微生物学的发展对人类进步的促进作用,尤其是我国著名微生物学家对国家做出的重大贡献,激发学生的爱国主义情感,培养学生崇高的家国情怀和民族自信心。

思政目标 3:生态文明。通过介绍微生物与人类、微生物与微生物之间的互利共惠、合作共赢的相互关系,使学生对绿色发展理念有更深入的了解,加强人与自然和谐共生的生态教育。

(二) 课程思政融入方式

(1) STSE 教育理念教学渗透。STSE 是科学(Science)、技术(Technology)、社会(Society)、环境(Environment)对应单词首字母的缩写,它要求教师在教学中将科学、技术、社会和环境紧密联系起来,既要注重知识的传授与应用,也要强调学生解决问题的基本技能,更要突出科学与技术的社会环境。其中,社会与环境的教育与我国高校开展课程思政改革寓价值观引导于知识传授与能力培养之中,帮助学生树立正确的人生观、价值观和世界观的理念不谋而合。教师通过挖掘教材,积极备课,将科学知识(S)—技术(T)—社会(S)—环境(E)有效衔接、紧密结合,既提高了学生的科学素质,又提升了学生的人文素质。

(2) 案例分析。微生物学教学中富含历史人物的伟大科学事迹,通过案例分析激发学生不畏艰难、坚持到底的探索精神和严谨的治学态度,增强学生的民族自豪感和自信心,引导学生成就出彩人生,强化新时代青年学生的时代责任感和使命感。

(3) 课堂研讨。通过课堂研讨,教育学生要善于发现问题和分析问题,要有科学严谨的态度和敢于质疑的批判精神,才能创新、求真和求实。

三、教学案例展示

基于 STSE 教育理念的课程思政教学——以病毒的繁殖方式为例

STSE 教育理念涵盖了科学、技术、社会和环境 4 个维度,而社会和环境与课程思政紧密结合,是课程思政的有效切入点。本案例以微生物学课程中的"病毒的繁殖方式"为例,通过问题引导、课堂研讨、案例等教学方式,将 STSE 教育理念与课程思政理念有机融合,学生既掌握了病毒繁殖过程的基本知识,对病毒的实践应用技能理解更为深入,更提升了学生的社会责任感和环境意识。

(一) 教学目标

1. 情感态度与价值观目标

(1) 通过本课题的学习,使学生感知社会主义制度优越性,坚定共产主义理想信念。

(2) 通过本课题的学习,可以激发学生爱国情感,培养学生民族自豪感。

(3) 通过本课题的学习,加深学生对绿色发展理念和可持续发展理念的认同。

2. 知识与技能目标

(1) 通过本课题的学习,使学生了解病毒的繁殖过程,尤其是掌握噬菌体这一具体病毒的繁殖方式。

(2) 通过本课题的学习,使学生了解病毒的危害,知道如何预防病毒的感染;同时,也更让学生熟知病毒对人类有益的一面,使学生充分认识到利用科学技术原理提升人类生活质量的重要性。

3. 过程与方法目标

STSE 教育理念融入课程思政教育,培养学生对科学知识的掌握,提高学生的技术意识和实践技能,更能强调社会责任,要求发展学生的道德和价值判断能力,培养学生正确的价值观和社会责任感。

(二) 教学重难点

教学重点:病毒的繁殖过程。

教学难点:① 重点分析病毒核酸的复制和蛋白质的生物合成,结合图片、示意图等讲解病毒增殖过程中的三个阶段及其所需要的物质。② 教学方法上,利用 STSE 教育理念将科学、技术、社会和环境等有机融合,从而有效融入思政元素。

(三) 教学方法、教学资源

教法:STSE 教育理念融入法、问题引导法、案例分析法。
学法:自主学习法、小组讨论法、探究学习法。
教学资源:

(1) 周德庆,等. 微生物学教程[M]. 4 版. 北京:高等教育出版社,2020.

(2) 杨革,等. 微生物学[M]. 北京:化学工业出版社,2020.

(3) 中国大学 MOOC"微生物学"(华中农业大学,陈雯莉教授团队):https://www.icourse163.org/course/HZAU-1002270005? from = searchPage.

(四) 教学过程

教学环节一:导入新课

播放课件:展示历史上的鼠疫等传染图片,引出病毒的基本结构特性,即无完整的细胞结构和代谢酶系。

提出问题:病毒如何繁殖?

通过鼠疫案例的分析,提出病毒如何繁殖的疑问,引发了学生对于病毒繁殖方式的思考,从而导入本课。

教学环节二：科学知识的深化（Science）

科学知识的教育取向要求微生物的教学重视学科的系统性和逻辑性，注重学生对微生物学术语和概念的理解，强调学生对基础知识的掌握。因此，在微生物的教学过程中，教师要通过知识线的详细讲解促进学生对微生物学知识的掌握。

在"病毒的繁殖方式"教学过程中，教师结合课件演示与图片展示，提出问题，引起讨论，从而引出病毒（以噬菌体为例）繁殖过程中的知识线，即"吸附、侵入、增殖、成熟和裂解"。

此部分重点讲解，通过图片、动画、问题串、小组讨论等方式，使学生重点掌握病毒繁殖的五个过程。

教学环节三：生产技术（Technology）的应用

科学知识的掌握，是为了促进生产技术的应用，从而提高人类的生活水平。因此，在授课过程中，通过病毒与实践的应用展示，让学生了解病毒对人类生产和生活有害与有益的方面，提升学生对于病毒实践的有益思考和继续发展的理念，最终发展学生的技术意识。

技术点 1：病毒的危害。

问题延伸：2020 年，由新型冠状病毒引起的肺炎在全球爆发、流行，新冠病毒对全球公共卫生安全构成了巨大威胁，那么新冠病毒是如何感染人类的？

教师将书本知识延伸到同学们身边正在流行的病毒，既能引起学生的学习兴趣，更能加深学生对公共卫生安全事件的重视。学生结合书本知识和查阅相关文献，明白新冠病毒的棘突蛋白可以与血管素转换酶 ACE2 结合，随后棘突蛋白被细胞膜上的弗林蛋白酶识别和裂解，促进了宿主结合区结构重排，增加了与细胞膜的亲和度，有助于病毒与细胞膜的融合，最终使 RNA 进入宿主细胞。

小组讨论：病毒的危害性巨大，预防病毒感染的具体措施有哪些？

经过小组讨论，得到病毒预防口诀：需警惕、不轻视、戴口罩、讲卫生、勤洗手、勤通风、喷嚏后、慎揉眼、少出门、少聚集、有症状、早就医、打喷嚏、捂口鼻、不恐慌、不谣传、防控疫、众齐心。

问题提出：病毒对人类有无益处呢？引发学生对于病毒有益一面的深入思考。

技术点 2：病毒的益处。

小组讨论：请同学列举病毒有益一面的具体实例。

学生汇报，教师总结：首先，病毒可以作为基因工程的载体，如在预防新冠病毒时，陈薇院士团队研制出了一款重组腺病毒载体疫苗，对预防新冠病毒的感染具有重要的预防作用。其次，昆虫病毒可以用于生物防治，如我国研制成功的棉铃虫、松毛虫、菜青虫等病毒杀虫剂，实现了安全、高效、环保和廉价的目标。

教学环节四：社会责任感（Society）的升华

STSE 教育理念中的社会和环境维度与课程思政教育不谋而合，体现了"立德树人"的教育根本任务。本节课内容结合我国疫情和全球疫情现状，贯穿情感融入，一方面增强了课堂的趣味性，另一方面培养学生正确的人生观、价值观和世界观，使学生的社会责任感得到升华。

思政元素融入设计：感知社会主义制度优越性。

小组讨论：新冠疫情，我国政府和欧美等资本主义国家防控疫情的措施和成效比较。

学生通过讨论，明白我国政府从中央到基层，建立了疫情防控的长效联动机制。正是由于这种从中央到基层的全方位立体管控，有效阻止了病毒的扩散。反观欧美等资本主义国家恃才傲物，不愿团结，不愿奉献，使得疫情一发不可收拾。

教师总结：中国共产党的领导是我们坚决打赢疫情防控战争的根本保证，中国共产党始终以人民为宗旨，全力保障人民的生命财产安全，这些都彰显了中国共产党领导和中国特色社会主义制度的优越性。

思政元素融入设计：无私奉献精神耀中华。

继续引导：你能列举多少英雄人物在我国防疫战争中涌现出的感人事迹？

学生积极讨论，有钟南山院士、张定宇医生、李文亮医生、刘智明医生等，为打赢疫情防控战争做出了巨大贡献。

问题延伸：除了我们可以看到的英雄人物，还有哪些人做出了重要贡献？

学生恍然大悟，还有更多无名的英雄默默奉献着。我们的医护人员舍小家为大家；我们的公安干警是我们的忠诚卫士；我们的社区工作者和志愿者坚守在疫情防控的第一线；我们的农民工兄弟们用自己最坚实的肩膀扛起了火神山和雷神山医院的基建重任。

教师总结，将感情升华，使学生明白正是由于广大同胞的无私奉献精神，才保证了抗疫工作的顺利进行，才使得千千万万民众的健康和幸福得以守护。

思政元素融入设计：遵纪守法显成效。

再次引导：普通民众如果在疫情防控战争中没有依法居家和定点隔离，将会产生怎样的后果？

学生经过深入思考和讨论，明白人们严格遵守政府的规定实行了数月的依法居家隔离，最终使得疫情没有在全中国大规模暴发。

教师总结：强调在社会生活中，每个人的言行都必须受到社会规范和法律法规的制约，其在享受权利的同时，也必然要履行相应的义务。如果一个人过度追求个人的完全"自由"，其破坏法律的言行举止必将受到法律的制裁。

教学环节五：环境（Environment）意识的增强

思政元素融入设计：绿色发展理念入人心。

提出问题：新冠病毒与环境保护有何关联？

学生思考，查阅资料，认识到新冠病毒可能来源于野生动物。对野生动物的滥捕滥杀，动物种群之间的食物链以及各种群之间的互作关系会发生改变，这对生物物种的多样性和生态平衡将产生巨大的冲击，最终对人类的健康和生命安全产生了潜在的危害。所以从某种意义上来说，保护野生动物也是对人类自己的保护。

教师总结，将观点延伸：我们要积极响应习近平总书记有关"青山绿水就是金山银山"的可持续绿色发展理念，在尊重自然规律的基础上，合理有效地利用各种自然资源。只有树立绿色发展理念，人类才能实现环境保护与社会发展的平衡，最终促进人与自然和谐发展。

教学环节六:课后作业

布置课后作业:请查阅相关文献,了解病毒的相关研究为人类作出了哪些贡献? 新冠病毒对人类生产和生活带来了哪些影响?

将课堂教学知识与课后作业相结合,进一步巩固教学成果,彻底实现课程思政的教学目标。

(五)教学反思

本教案以"病毒的繁殖方式"为例,将"新冠"肺炎疫情案例进行提炼,以 STSE 教学理念为指导,利用现代信息技术,通过图片、案例、问题引导等教学方式,将科学、技术、社会和环境有机结合,很大程度上提升了教学内容的新颖性和吸引力。基于 STSE 教育理念融入课程思政教学,不仅能提升学生对科学知识的掌握,提高学生的技术意识和实践技能,更能强调学生的社会责任和环境意识,实现综合素养的提高。在后续教学过程中,应设计综合评价指标,从评价的对象、内容、方式和方法等角度,继续开展 STSE 理念下的课程思政教学的质量评价研究。

四、课件

病毒繁殖—Science

T_4由头部（核心是双链线状DNA）、颈部和尾部（尾鞘、尾管、基板和尾丝）三个部分构成。

病毒粒子并无个体的生长过程，而只有其两种基本成分的合成和装配，即：核酸复制+蛋白质合成⊃核蛋白（病毒粒子）

病毒的繁殖一般可分五个阶段，即
(1) 吸附
(2) 侵入
(3) 增殖（复制与生物合成）
(4) 成熟（装配）
(5) 裂解（释放）

病毒实践—Technology

(1) 危害

世卫组织公布数据，截至2021.05.04 22:20（北京时间）

153187889	3209109
累计确诊	累计死亡

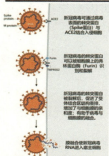

病毒实践—Technology

(2) 益处

➤ 利用病毒进行疫苗的生产　　➤ 利用病毒作特效杀虫剂

病毒与社会—Society

(1) 感知社会主义制度优越性
(2) 无私奉献精神耀中华
(3) 遵纪守法显成效

 思政融入

病毒与环境—Environment

(1) 绿色发展理念入人心

➢ 新冠病毒的可能来源——野生动物；
➢ 保护野生动物就是保护人类、保护自然；
➢ "青山绿水就是金山银山"，生态文明建设关系人民福祉、民族未来。

 思政融入

课后思考

➢ 请查阅相关文献，了解病毒的相关研究为人类作出了哪些贡献？
➢ 新冠病毒对人类生产和生活带来了哪些影响？

课程思政教学设计案例选编（第一辑）

艺 体 篇

"乐理与视唱练耳"课程思政教学设计案例

一、课程简介

1. 课程性质

乐理与视唱练耳是普通高等学校音乐学(教师教育)本科专业的一门必修课程、专业核心课程,具有基础理论和基本技能相结合的学科特点,对全面提高学生的音乐素质与理论修养具有重要作用。该课程大学一、二年级共开设4个学期,8学分,136学时。

2. 课程内容

该课程内容包括三个方面,即基本乐理、视唱和练耳。乐理讲授音乐基本理论并进行辨析与讨论;视唱主要进行单声部、多声部视唱,单声部、多声部节奏练习,看谱唱词等;练耳主要进行音乐听觉分析与听写,包括节奏、旋律、音阶、音程、和弦的听辨、模唱、听写和音乐作品基本要素综合听觉分析等。

3. 授课教师

彭传山,副教授,硕士生导师。主要讲授乐理与视唱练耳课程。2019年获教育部全国普通高校音乐教育专业教师基本功教学展示单项奖,2020年获安庆师范大学"三全育人"最美老师荣誉称号,2021年获首届安徽省高校教师教学创新大赛二等奖,2022年获第三届长三角师范院校教师智慧教学大赛一等奖。2020年主持省级示范课程和省级一流线下课程"乐理与视唱练耳"。

二、课程思政资源分析

(一)课程思政建设目标

本课程坚持立德树人,遵循美育特点,把爱国主义、民族情怀贯穿渗透到课程教学中,突出培育高尚的文化素养、健康的审美情趣、乐观的生活态度,积极弘扬中华美育精神。通过学习基本音乐理论以及进行视唱练耳的训练,全面提高学生的审美能力和音乐素养。学习中国民族音乐理论,引导学生自觉传承和弘扬中华优秀传统音乐文化,增强文化自信,推动青少年健康成长为德智体美劳全面发展的社会主义建设者和接班人。

思政目标1:立德树人。音乐教育的美育、德育价值早就被认知并付诸实践,在经济迅速发展、信息便捷和音乐作品非常丰富的今天,乐理与视唱练耳课程的作用在于通过视唱、听辨优秀的音乐作品,培养学生良好的审美能力和审美趣味,培养和引导学生形成正确的审美观与价值观。在多声部音乐的学习过程中团结协作、共同提高,帮助学生确立社会主义核心价值观,培养大学生良好的道德情操,塑造完美的人格,在学习音乐的过程中达到立德树人的目标。

思政目标2:以美塑人。音乐活动是一种审美过程,优美和谐的旋律直接作用于感官和心灵,可以提高学生认识美、享受美、创造美的能力,真正将思想政治教育转化为触及心灵的情感力量。本课程通过基本音乐理论的学习和音准、节奏、调式、和声等训练,不断提升学生音乐素养和审美能力。

思政目标3:以乐化人。音乐不是单纯的音符组合,而是文化的一种形态和载体。它既有音乐本体特性又有人文特性,既是声音艺术又是情感艺术,它是人对生活的感悟、是社会生活的映射,表现着人类社会的各个方面,承载着不同时期的社会文化,能够激起人们不同的生命感受和审美体验。视唱听辨古今中外的音乐作品,特别是中国各民族有极高审美价值和传承价值的传统音乐作品,以历史文化为背景引导学生分析理解,从单纯的音乐形式评价提升到文化评价,教会学生深度了解音乐作品的历史、文化,不仅继承、弘扬了中华优秀传统文化,更能够加强学生的人文素养。

(二)课程思政融入方式

本课程思政融入方式主要是教学渗透、实践感知、课堂讨论等方式进行。

(1)教学渗透。通过学习中国传统音乐理论和各时期各民族的中国音乐作品,传承和弘扬中华传统音乐文化,理解中国音乐作品中蕴含的丰富的哲学思想和高尚的审美情趣,体会中国音乐作品的独特韵律,使之更加热爱中国民族音乐。

(2)实践感知。通过视唱聆听爱国革命歌曲,让学生在音乐作品中感受到祖国的壮美与强大,在大学生心目中树立起要为祖国崛起而奋斗的坚定信念,让学生听到中华民族的心声,激发出现代大学生强烈的爱国热情与奋斗情怀。通过在视唱音乐会上展演红色经典乐曲,引导学生触摸历史,感知现实,在歌声中领悟中国共产党人的理想情怀,更加坚定对中国特色社会主义的文化自信和爱国情操。

(3)课堂讨论。通过对乐理知识的讨论辨析以及对美善兼备的音乐作品进行视唱、分析、听辨,找出作品中旋律的优美之处、节奏的动人之处以及和声的丰富之处,深刻理解音乐之美来自何处,以此提升学生对音乐之美的辨识和判断能力。

三、教学案例展示

三连音节奏

三连音是节奏练习中的难点,很多乐曲中都含有三连音或其他连音符。同学们在遇到三连音或其他连音符时往往就会出现节奏不稳、时值不均的情况,从而影响了乐曲表达的质量和完整性。准确掌握了三连音,就能解决声乐、器乐曲中有三连音的难点节奏,就能够完整完美地表现乐曲,对所有的音乐技能课程和其他理论课程的学习都有着非常重要的意义。

(一) 教学目标

1. 情感态度与价值观目标

(1) 通过听辨民族音乐及革命歌曲中的三连音节奏,感受其表现功能。
(2) 通过聆听含三连音的中国音乐作品,产生对民族音乐的热爱之情和对革命前辈的崇敬之情。

2. 知识与技能目标

(1) 理解和掌握三连音节奏的概念。
(2) 准确掌握三连音节奏的特点。
(3) 能够听辨听写含有三连音的节奏或旋律。

3. 过程与方法目标

(1) 通过三连音与其他节奏型进行横向比较练习,掌握节奏训练的方法和步骤。
(2) 通过分组讨论、运用三连音节奏为旋律配节奏律动,掌握节奏律动的编配方法。
(3) 通过视唱练习,掌握正确视唱和分析旋律的方法。

(二) 教学重难点

教学重点:三连音节奏型的特点及与其他节奏型的组合练习。
教学难点:三连音节奏律动及创编练习。

(三) 教学方法、教学资源

教法:混合式教学法、参与式教学法、探究式教学法。
学法:自主学习法、协作学习法、探究学习法。
教学资源:
(1) 陈雅先.乐理与视唱练耳:第一、第二册[M].上海:上海音乐出版社,2007.
(2) 蔡觉民,于森淼.基本乐理与视唱练耳教程[M].北京:高等教育出版社,2010.

(3)学习通网络课程"乐理与视唱练耳":https://mooc1.chaoxing.com/course-ans/ps/219860405.

(四)教学过程

教学环节一:线上学习小结

(1)通过学习通平台,了解线上乐理、练耳作业和节奏律动作品的提交情况,对作业中出现的问题进行分析点评。
(2)对优秀作品在课前进行展示点评。
(3)检查新课任务点的学习情况,了解今天的新课内容——三连音节奏概念的掌握情况。

思政元素融入设计:线上学习情况能够反映出立德树人教育总目标,从作业的质量上能够反映出学生学习的能力、态度。多声部音乐和律动作品作业能够反映出同学之间取长补短、团结协作的团队精神。

教学环节二:曲例听辨

曲例1:中国军魂。

问:曲例当中有没有三连音?有什么样的作用?
曲例2:码头工人歌。

问:曲例当中有没有三连音?有什么样的作用?
通过两个曲例的听辨,发现三连音节奏在两个乐曲中的表现作用不一样,并引导学生思考原因何在?
主题讨论:从音乐理论的角度来看,影响三连音节奏表现功能的因素有哪些?
通过讨论,得出结论:节拍、速度、调式、力度、音型、和弦、音区都影响三连音节奏表现功能。三连音节奏在不同的条件下有不同的表现功能,需要具体情况具体分析。
思政元素融入设计:《中国军魂》是前些年热播的电视剧《亮剑》的主题曲,讲述了在抗日战争时期,独立团团长李云龙不怕牺牲、英勇斗争的故事,表现了关键时刻敢于亮剑的精神,这些精神都是我们伟大建党精神的基础和内核。通过聆听曲子里的三连音节奏,感受音乐表现勇往直前、铿锵有力、势不可挡、坚定有力等的思想情感。《码头工人歌》是人民音乐家聂耳于1934为田汉的独幕歌剧《扬子江暴风雨》创作的一首歌曲,该剧描写"一·二八"事变后,上海码头工人和人民群众不顾帝国主义和国民党特务的迫害,团结一致,英勇抗争,把日本侵略者屠杀中国人民的军火扔到江里去的故事。聂耳在1933年就加入了中国共产党,他对中国工人阶级的苦难有着非常深切的体会。《码头工人歌》就塑造了这批觉醒的中国工人阶级的英雄形象。曲中三连音节奏表现出码头工人沉重的劳动情景,也暗示着他们心中蕴藏的愤怒和巨大的反抗力量。通过聆听中国革命歌曲,感受中国人民的伟大坚强,增强爱国主义情怀。

教学环节三:节奏练习

(1)单声部节奏练习。

选人:通过选人展示线上节奏学习成果,关注三连音节奏与其他节奏组合时准确性,若发现问题,则进行重点练习。

(2)三连音与其他节奏型的对比。

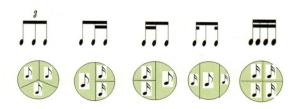

学习三连音的一个难点问题是:一拍三个音的三连音与一拍两个音的节奏的区分,以及如何与同是一拍三个音的其他节奏型如后十六、前十六、小切分等进行区分。

互动练习:老师带领同学进行三连音与其他节奏型的对比练习与组合练习。

(3)二声部节奏练习。

讨论:二声部节奏练习的作用、方法和步骤,并逐一练习。

课堂测试:听辨出这条节奏里有多少个三连音?

在进行过单声部、二声部等各种节奏练习以后,检测一下同学们对三连音节奏掌握的效果如何。

思政元素融入设计:三连音节奏它打破了常规节奏二分法的平衡感,可以体会到三连音节奏带来的新鲜、摇曳、荡漾的节奏感。通过三连音节奏的练习,感受非常规节奏的美感,达到以美塑人的目标。

教学环节四：视唱与律动

(1) 视唱。

抢答：通过抢答请同学展示视唱学习成果，并对此条视唱进行基本分析和视唱要求的讲解，开展翻转课堂教学。

利用所学乐理知识，简要分析作品的特点，比如调式(bB徵调式)、节拍(44拍)、节奏(三连音、弱起)、句式(起承转合)方面的特点。

互评：同学互评，指出不足和改进方法；老师点评，然后带领全体同学按照要求集体视唱。

(2) 律动创编。通过分析视唱里的三连音元素，创编合适的节奏律动。

分组任务：展示课前布置的分组任务，每组分别汇报创编结果并进行律动表演。

拓展练习：还有没有其他的创编方式？比如加上脚的节奏，创编出三声部、四声部节奏，请同学表演，或者结合自身器乐特长进行创编练习。

例如钢琴弹唱：把双手节奏编成钢琴伴奏音型；根据旋律的和声内涵，为每小节选择适当的和弦，构成良好的和声功能进行，结合视唱进行弹唱，为以后少儿歌曲的弹唱打好基础。

思政元素融入设计：通过视唱以上民歌风格乐曲，感受三连音节奏在乐曲中的独特作用，同时了解该曲的创作背景和思想内容，理解乐曲表达的情感和内容，提升学生的音乐素养和文化素养。通过为这首乐曲编配律动节奏，也锻炼了小组成员之间的配合能力和团队精神，达到以美化人的目标。

教学环节四：小结与作业

(1) 小结。通过乐理、节奏、视唱律动的学习，我们对三连音应该有了一个较为深入的了解。"三连音"打破了二分法的常规节奏的平衡感和规整感，给人以新鲜、摇曳的感觉，给乐曲增添了一些特殊色彩和效果。

练习时要重点注意三连音三个音时值的均匀和保持整个节奏的稳定，不能因为有三连音而变得忽快忽慢。

节奏律动在中小学的音乐课堂里运用比较广泛，也是学生们非常喜欢的音乐活动，同学们若能熟练地掌握节奏律动的编配方法，那么在中小学一定是一个非常受欢迎的音乐老师。

(2) 线上作业。

乐理：写出各种音符的三连音时值划分，以及连音符与基本音符的时值换算。

视唱：以寝室为分组单位，为视唱创编含有三连音节奏的多声部节奏律动，发视频。

练耳：听辨、听写含有三连音的节奏和旋律。

（五）教学反思

为了实现"立德树人"的教育根本目标，每门课程都应该进行思政教育。思政教育要和教学内容有机融合，巧妙渗透，不能空洞说教，不能牵强附会。所以教学内容的选择至关重要，要根据教学目标的需要，从中国民族音乐中选择优秀的音乐作品作为教学素材，通过学生乐于接受的形式进行教学，在潜移默化中对学生进行思想政治教育，培养他们树立正确的世界观、人生观、价值观，增进对民族音乐的熟悉和热爱，进而增进文化自信。

四、课件

二、乐理知识：三连音的概念

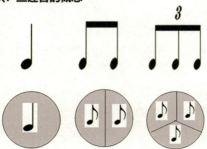

二、乐理知识：三连音的概念

三、节奏练习

1. 单声部节奏视唱

三、节奏练习

2. 三连音与其他节奏型的对比

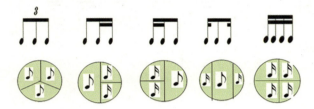

三、节奏练习

3. 三连音与其他节奏型的对比练习

三、节奏练习

4. 节奏模仿练习

三、节奏练习

5. 节奏创编练习

素材：

要求：长度2/4拍，2小节，
每句至少含有一个三连音，
最后一个音稍长，有停顿感。

三、节奏练习

6. 节奏模仿创编接龙

三、节奏练习

7. 课堂测试
这条节奏里有多少个三连音节奏？

三、节奏练习

8. 二声部节奏练习

四、旋律听写

五、视唱与律动

课堂小结

▶ 1. 通过乐理、节奏、视唱律动的学习，我们对三连音应该有一个较为深入的了解。"三连音"打破了二分法的常规节奏的平衡感和规整感，给人以新鲜、摇曳的感觉，给乐曲增添了一些特殊色彩和效果。

▶ 2. 三连音在中国民族音乐作品中也有广泛的运用，需要结合着作品的思想内容，具体分析其表现功能。

▶ 3. 练习时要重点注意三连音三个音时值的均匀和保持整个节奏的稳定，不能因为有三连音而变得忽快忽慢。

课后作业

▶**乐理**：写出各种音符的三连音时值划分，以及连音符与基本音符的时值换算。

▶**视唱**：以寝室为单位，为视唱创编含有三连音节奏的多声部节奏律动，发视频。

▶**练耳**：听辨、听写含有三连音的节奏和旋律。

"歌曲写作与改编"课程思政教学设计案例

一、课程简介

1. 课程性质

歌曲写作与改编课程是音乐与舞蹈学专业的基础必修课,是学习歌曲创编及应用的一门基础性课程,授课对象为音乐学(师范)专业的本科生,2学分,共34学时。

2. 课程内容

本课程旨在全面系统阐释歌词的艺术形式、歌词的艺术风格、歌曲音乐主题的创作、歌曲音乐风格创作、艺术歌曲创作、带钢琴伴奏的歌曲写作的基本要领。通过教学,帮助学生熟练掌握较为复杂的歌曲写作与改编的技巧。

3. 授课教师

陈星源,讲师,主要承担音乐学院的作曲理论与器乐排练的教学任务。2015年以来先后荣获安庆师范大学青年教师讲课大赛三等奖、安庆师范大学课程思政教学大赛三等奖、音乐学院课程思政教案设计大赛一等奖。

二、课程思政资源分析

(一)课程思政建设目标

本课程旨在引导学生掌握歌曲创作与改编的基本原理,深刻理解歌曲改编与创作的根本区别,能够从歌曲创作的角度出发,去阐释歌曲本身带给社会的价值,从创作具有中国特色社会主义、推进民族复兴为主题的歌曲体裁形式,来加强大众对歌曲创作的了解,从而进一步坚定中国特色社会主义道路自信、理论自信、制度自信和文化自信。

思政目标1:科学精神。通过课程学习,让学生在实践中遵循一切从实际出发、实事求是的精神;把握歌曲写作与改编课程中科学的创编方式;以音乐创作为载体,深刻理解劳动人民在音乐创作发展过程中起到的作用,坚定以人民为中心的科学发展观。

思政目标2:使命担当。通过课程学习,让学生深刻把握马克思主义实践观,自觉推动理论创新与实践创新的相互促进;深情讴歌时代、创作与时代进步相结合的文艺作品,以文艺作品凝聚社会力量,以振兴中华民族为己任。

思政目标3:政治认同。在课程设计上,既要体现出与思想政治理论课程的差异性,又要体现出音乐学(师范)专业独有的思想政治教育内涵,让学生对我国目前的意识形态、事物的审美情趣、家国情怀等方面有着更好的认同感,同时,课程应以学生为主体,以立德树人为根本目的;通过本门课程的开设,培养大学生在日常生活中的音乐创作热情;培养学生从复杂多变的客观实际中,思考人类社会发展目标的能力等。

(二)课程思政融入方式

歌曲写作与改编是音乐学专业学科的基础课程,歌曲在社会中的传播能力强、影响力广,在融入思政元素、加强课程思政教育中,本身具有自身的优势。通过课程的教学,不仅让学生能够掌握歌曲创编的相关专业知识,同时在专业课程的基础上还能对马克思主义哲学所揭示的立场、观点和方法进行认同,并能够将其运用于认识世界和改造世界的实践活动中。因此,在教学方法中,主要采取案例分析、课堂研讨、自主探究和社会实践等方式来强化思政效果,实现课程思政目的。在具体教学设计中,主要运用习近平总书记提出的思政课教学改革方法,做到坚持"八个统一",即坚持政治性和学理性相统一、价值性和知识性相统一、建设性和批判性相统一、理论性和实践性相统一、统一性和多样性相统一、主导性和主体性相统一、灌输性和启发性相统一、显性教育和隐性教育相统一。

三、教学案例展示

歌曲的主题

歌曲是音乐语言与文学语言(歌词)相结合共同完成艺术创作的一种形式。歌曲艺术以其内容明晰、形象生动、易于为人们接受而具有广泛的群众性。而歌曲的主题是歌曲中具有特定的节奏型和旋律线,并集中体现歌词内涵的短小曲调或音群。

(一)教学目标

1. 情感态度与价值观目标

(1)通过课程内容的学习,让学生以《啊,祖国母亲》中的歌词为例进行歌曲主题旋律的创作,通过旋律与歌词的结合,让家国情怀浸润学生的心灵,理解少年强则国强的含义,认识到弘扬爱国主义精神、增强民族自信心与自豪感的重要性。

(2)在课程的学习中,对《我爱你,中国》等优秀主题作品进行举例分析,并对其创作背景及歌词与旋律的结合进行讲解,充分让学生感悟歌曲旋律中的美妙性,对歌词中祖国大好河山的描述充满美好向往,树立积极正确的价值观。

2. 知识与技能目标

(1)让学生掌握歌曲主题的概念,了解什么是主题、主题在歌曲中起到的作用。
(2)通过对主题类型的分类,让学生了解主题类型在不同音乐色彩中的应用。

3. 过程与方法目标

(1)通过设置课上内容讨论环节,激发学生对主题创作的热情。
(2)通过对歌曲主题相关范例的讲解,让学生领会其中要领,具备分析与辨识优劣主题的能力。
(3)通过对歌曲主题的创作与学习,为学生在今后的音乐教育道路上奠定良好的创作基础,让其更好地服务于社会。

(二)教学重难点

教学重点:重点掌握歌曲主题的基本应用与创作,了解歌曲主题在创作中的作用。
教学难点:一个优秀歌曲主题的创作需要灵感来"浇灌",灵感源于平时对歌曲音乐创作的积累及优秀歌曲作品的聆听,学生普遍缺乏音乐理论知识的积累与对音乐本身的感受,在创作中设计出技巧与可听性兼备的主题,这是本章节中的教学难点。

(三)教学方法、教学资源

教法:迁移教学法,案例分析法,教学引导法。
学法:自主学习法,小组讨论法,探究学习法。
教学资源:

(1)朱敬修.歌曲写作基础[M].2版.北京:高等教育出版社,2009.
(2)樊祖萌.歌曲写作教程[M].北京:人民音乐出版社,2018.
(3)王大燕.歌曲写作与改编[M].广州:暨南大学出版社,2010.
(4)学习强国《坚持"两创"书写史诗——"中国梦"主题新创作歌曲创作谈》:https://www.xuexi.cn/lgpage/detail/index.html?id=9925487180002819968&item_id=9925487180002819968.

(四)教学过程

教学环节一:新课导入

教师:播放课件。在之前章节中,大家对歌词的艺术风格、划分方式及优秀作品《我爱你,中国》做了较为深入的分析,了解到了歌词艺术风格的多样性及划分方式的特殊性。

提出问题:"五星红旗迎风飘扬"这一段歌词,包含了什么样的艺术风格特征?可以通过怎样的歌词划分方式进行划分?

教师对"五星红旗象征着共产党领导下的人民大团结"这一概念做简单介绍,让学生在这一概念中阐述歌词中的艺术风格特征。

思政元素融入设计:歌曲音乐主题在其发展过程中有着多样性的一面,在当今弘扬民族文化,增强民族自信的道路上,将我国的民族调式如何更好地与歌词进行结合,这样的方式是值得探究的。在本章节中将爱国主义情怀、民族自信、无私奉献精神等元素融入主题的创作中来,达到弘扬民族文化的目的。通过以上内容的讲解,引出歌曲主题的相关内容。

教学环节二:新课讲授

知识点一:歌曲主题的概念。

歌曲的主题通常出现在一首歌曲的开始部分,其主要指具有特定节奏型与旋律线条,并集中体现歌词内涵、表达一定乐思的短小曲调或音群。它是全曲的核心,是其结构与发展的基本要素。

例1:刘炽《我的祖国》。

例2:斯美塔那《我的祖国》。

思政元素融入设计:将家国情怀与弘扬爱国主义精神融入课堂教学中。同时回归导入,让学生对歌曲主题创作的认识由主观、侧面的理解深入到客观、准确的认识,通过对国内外两首爱国主义作品《我的祖国》进行分析与对比,让学生感受音乐作品中蕴含的爱国主义精神所在,理解音乐作品是怎样表达内心深处的家国情怀的。

知识点二:歌曲音乐主题中的形态。

歌曲音乐主题的形态,是指主题旋律在其发展过程中音高、节奏材料的不同组合形成的外形特征,如"大山型、疑问型、瀑布型、对称环绕型、倒影型、锯齿型"主题旋律形态等。主题的形态特征往往决定着音乐的性格。

(1)大山型主题旋律。由幅度与跨度较大音程关系起落造成的一种主题旋律形态,它呈现出一种宽广而崇高的效果。

例3:王莘《歌唱祖国》。

（2）疑问型主题旋律。疑问型主题的最高音出现在主题旋律的末端,形成一种反问的效果。它常常造成"悬而未决"的听觉感受。

例4：老狼《同桌的你》。

（3）瀑布型主题旋律。与疑问型主题旋律相反,瀑布型的最高音出现在旋律起始位且旋律音从最高音下降至最低音的主题旋律类型。它造成一种澎湃激昂的效果。

例5：印青《走进新时代》。

（4）对称环绕型主题旋律。这种主题旋律形态主要是指旋律中有一个中心音,其余音级围绕中心音进行上下环绕的一种旋律形态。它造成一种对主题和中心的巩固和强化效果。

例6：陈耀川《中国人》。

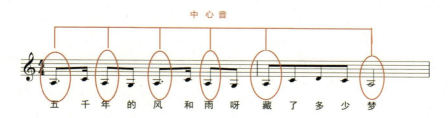

（5）倒影型主题旋律。旋律线本身按照的一定关系,前者形成先下后上的形态,后者形成先上后下的旋律形态,它们之间构成一个类似"倒影"的主题旋律形式。

例7：陈星源《待楚乡绽放》。

(6) 锯齿型主题旋律。幅度和跨度较大或较小的音程关系迅速起落造成,在表情上活跃而生动,如果是对感情色彩的表达,会造成一种真挚而深沉的情感。

例8:郑秋枫《我爱你,中国》。

设置问题:以下两个主题中的旋律,各采用了何种旋律形态?

思政元素融入设计:从时政要点、重大历史事件出发,列举相关歌曲主题旋律的基本形态,引导学生进行分析,启发他们树立正确的世界观、人生观、价值观和认清当前的国际局势。从章节内容中,引导学生了解新中国的来之不易,砥砺前行,迈向中国特色社会主义新时代。

知识点三:大山型主题旋律的创作。

大山型主题旋律由幅度与跨度较大的音程关系起落,造成的一种主题旋律形态,它呈现出一种宽广而崇高的效果。

(1) 音程关系。在大山型主题的创作中,音程关系之间跨度的大小对情绪与感情基调的渲染起着重要的作用,其主要分为四至五度的跳进音程关系与六至八度的大跳音程关系等。

例9:四至五度音程关系。

例10：六至八度音程关系。

（2）旋律形态。大山型主题的创作，旋律线条的走向也影响着旋律的发展与情绪的起伏，而其中，又可分为直线上下型旋律形态和曲线型旋律形态。

例11：直线上下型旋律形态。

例12：曲线型旋律形态。

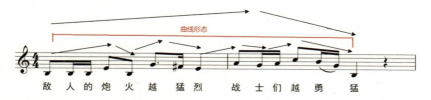

思政元素融入设计：在创作中激发学生对祖国大好河山的美好向往，提升其理论与实践相结合的能力。通过创作多样化的旋律，提高学生对音乐的审美情趣。

知识点四：环绕型主题旋律的创作。

环绕型主题旋律是指将其余音级围绕中心音进行上下环绕的一种旋律形态。它能对主题中心起到巩固和强化的效果。

（1）对称环绕型。围绕这一串中心音进行环绕，其上下环绕的音程距离保持一致。

例13：对称环绕型。

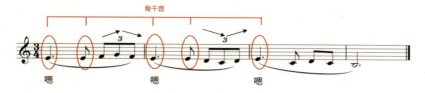

（2）离心环绕型。环绕的音级离中心音越去越远，使音乐逐步走向活跃，推向高潮。

例14：离心环绕型。

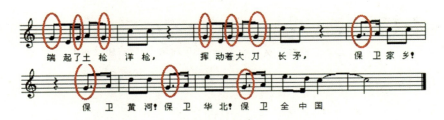

课上作业环节：创作一个大山型主题或环绕型主题。

思政元素融入设计：引导学生从创作中激发对祖国大好河山的热爱，提升大学生的理论与实践相结合的能力。通过创作多样化的旋律，提高大学生对音乐的审美情趣。

教学环节三：课后延伸

（1）本课程的内容小结。

（2）布置作业：

① 创作五个包含祖国、山河、家园歌词的主题。

② 分析《我爱你，中国》《十送红军》的主题特征，并用文字进行表述。

③ 写一篇本章节的课后随记，总结如何创作一个好主题。

思政元素融入设计：将实践教学与课后作业相结合，进一步巩固学生的价值认同感，提升音乐创作精神，使课程思政由浅到深、由易到难，有效落实课程思政教学目标的实现。

（五）教学反思

本章节主要从学生的学情和章节中的教学目标出发，较好地完成了教学目标，但仍有不足之处。

教师不仅要组织引导好学生在专业课程方面的加强与巩固，更要培养学生的自主学习能力。主题的创作，归根结底还是要以"创作"为根基，课堂上诸多例子的加入，丰富了课程的素材，但无疑教师在课堂上讲的时间过长，而留给学生创作与实践的机会太少。因此，应适时地调整教师在课堂上的角色，既要充当教师的角色，又要当好"听众"，把更多机会留给学生。再者，在中国特色社会主义进入新时代后，有较多的新题材可加入到歌曲的创作灵感中来，应适时地在创作上多提醒和引导学生进行思想上的更新，可以多以社会主义新面貌及中国崛起等素材作为创作的源泉等。

四、课件

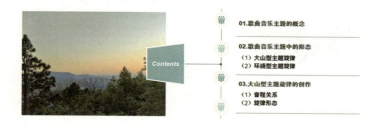

例1　　　　　　　　　　刘炽《我的祖国》

例2　　　　　　　　　　斯美塔那《我的祖国》

02 歌曲音乐主题中的形态

歌曲音乐主题的形态是指，主题旋律在其发展过程中音高、节奏材料的不同组合形成的外形特征，如"大山型、疑问型、瀑布型、对称环绕型、倒影型、锯齿型"主题旋律形态等。主题的形态特征往往决定着音乐的性格。

（1）大山型旋律

由幅度与跨度较大的音程关系起落造成的一种主题旋律形态，它呈现出一种宽广而崇高的效果，如下例：

例1

王莘《歌唱祖国》

（2）环绕型主题旋律

- 这种主题旋律形态主要是指，旋律中有一个中心音，其余音级围绕中心音进行上下环绕的一种旋律形态。它对主题中心起到巩固和强化作用。

例4　　　陈耀川《中国人》

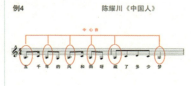

课堂提问

以下两个主题中的旋律，它采用了何种旋律形态？

一、

二、

03 大山型主题创作

歌曲主题的创作对歌曲的发展及材料的提供有着较大的影响，大山型主题旋律由幅度与跨度较大音程关系起落造成的一种主题旋律形态，它呈现出一种宽广而崇高的效果，在创作中应抓住以上特征进行入手。

(1) 音程关系

在大山型主题的创作中，音程关系之间跨度的大小对情绪与感情基调的渲染起着重要的作用，其主要分为四至五度的大跳音程关系与六至八度的大跳音程关系等，如以下例子：

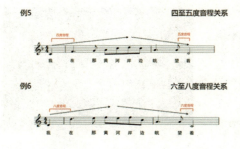

例5　　　　　　　　　　　　　　四至五度音程关系

例6　　　　　　　　　　　　　　六至八度音程关系

(2) 旋律形态

大山型主题的创作，旋律线条的走向也影响着旋律的发展与情绪的起伏，而其中，又可分为直线上下型旋律形态和曲线型旋律形态，如下列两个例子：

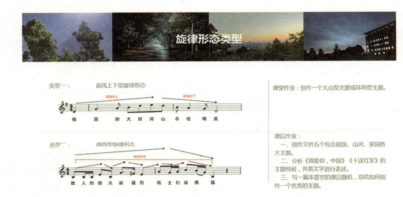

类型一： 直线上下型旋律形态

类型二： 曲线型旋律形态

课堂作业：创作一个大山型主题或环绕型主题。

课后作业：
一、创作文件五个包含祖国、山河、家园各大主题。
二、分析《我爱你，中国》《十送红军》的主题特征，并用文字进行表述。
三、写一篇本章节的课后随机，总结如何创作一个优秀的主题。

"歌曲写作与改编"课程思政教学案例

"中西戏剧比较"课程思政教学设计案例

一、课程简介

1. 课程性质

本课程适应于黄梅戏编导专业,为该学科的基础课、必修课。对我国民族戏剧与西方戏剧的不同特点予以介绍、比较和分析,从而深化戏剧学专业学生的专业学养,丰富他们的人文内涵。第三学年开设课程,共51课时,3学分。

2. 课程内容

该课程内容分为三部分,即西方戏剧两大体系的划分、体系之辨和中国戏曲表演体系。西方戏剧两大体系即体验和表现,也称体验学派和表现学派。以斯坦尼斯拉夫斯基为代表的体验派形成斯氏体系,以布莱希特为代表的表现派形成布氏体系,体系之辨是指斯氏体系和布氏体系之辨。中国戏曲舞台表演艺术不能牵强附会地套用西方戏剧表演理论,而是独立于斯氏和布氏表演体系之外的第三种表演体系,即"形神兼备"。

3. 授课教师

江爱华,戏剧与影视学博士,国家二级编剧,主要讲授中西戏剧比较、艺术学概论、中国古典戏剧理论史等。创作戏曲作品3次获得国家舞台艺术基金资助,主持省级质量工程2项、省级科研创新项目1项,2022年参加安庆师范大学课程思政教学大赛荣获三等奖。

二、课程思政资源分析

(一)课程思政建设目标

本课程立足立德树人,以美育教育为宗旨,把爱国主义情怀与戏剧精神相结合,在熟悉中西戏剧表演体系的基础之上,对中国戏曲表演美学有着清醒的认识,做出正确的评价,建立文化自信,弘扬中华优秀的传统戏曲文化,引导和推动青少年美育教育。

思政目标1:政治认同。围绕毛泽东《延安文艺座谈会讲话》精神,"我们的文艺工作者需要做自己的文艺工作,但是这个了解人熟悉人的工作却是第一位的工作。"戏剧学师生首先要熟悉西方戏剧表演体系,对中西方戏剧表演体系进行横向和纵向比较,正确全面地认识中西方戏剧表演体系的不同。

思政目标2:文化自信。深入学习党的十八大以来,习近平总书记反复强调文化自信的讲话精神。2020年习总书记在给中国戏曲学院师生回信中强调,"戏曲是中华文化瑰宝,繁荣发展关键在人",确立戏曲文化自信,是开设这门课程的教学宗旨之所在。

思政目标3:重温经典。通过该门课程的学习,重温中外经典戏剧,赓续爱国精神,站在中西文化的交汇点上,激发同学们的美好情感,从而推动精神文明建设。

(二) 课程思政融入方式

(1) 教学渗透。本讲主要讲解中西戏剧舞台呈现方式,西方戏剧理论认为舞台表演艺术分为"体验和表演",而中国戏曲表演不隶属于西方戏剧理论,而是自成一体的"形神兼备"的理论。切入毛泽东《延安文艺座谈会讲话》精神,文艺工作者要对自己创造的艺术对象非常熟悉和了解。

(2) 案例示范。分析西方戏剧表演体系中以斯坦尼斯拉夫斯基为代表的体验派与布莱希特为代表的表现派等两大派别;西方戏剧理论对中国戏曲表演理论的影响。20世纪50年代初,国内诸多知名学者生搬硬套用西方戏剧理论体系来解决中国戏曲的表演问题,这种现象一直持续到当下,导致在理论研究上走了弯路,且并不能解决中国戏曲的表演理论问题,此为文化不自信的表现。以京剧、昆曲为例,中国戏曲表演的"形神兼备"的舞台表演体系形成了一套严谨的审美程式,而这套程式有具体的量化的标准,即"四功五法",中国戏曲在向外输出的过程中,正如当代戏曲艺术家所言,"我们不能妄自菲薄",要有文化自信,正确地认识和评价我们的戏曲艺术。

(3) 课堂讨论。对于雅俗共赏的中国戏曲和西方戏剧而言,"世上有的,戏曲中都有",戏曲戏剧中爱国爱民题材、明礼诚信题材、文明谦让题材等不胜枚举,学好该门科目,提升中国戏曲艺术在国际领域的影响力,是开设此门科目的价值和意义。

三、教学案例展示

戏剧表演的体验和表现

讲授内容选自《中西戏剧比较论》(蓝凡,学林出版社,2008年版)第七章第二节"戏剧表演的体验和表现",本节包含5个知识点:西方戏剧两大体系、体系之辨、中国戏曲表演体系、上体下表、神形学派。本案例讲授西方戏剧两大体系、体系之辨、中国戏曲表演体系等三个知识点,讲授时间为1课时。

（一）教学目标

1. 情感态度与价值目标

（1）通过本课学习，使学生了解戏剧表演的本义，知晓中国古典戏曲表演与西方戏剧表演的异同。

（2）学生在理解的基础之上产生民族文化自豪感和文化自信。

2. 知识与技能目标

（1）通过本课学习，让学生了解西方戏剧表演两大体系之争发生的背景。

（2）通过本课学习，使学生在理解戏剧表演本义的基础之上，更进一步对西方戏剧表演体系有一个完整的认识，明辨以斯坦尼斯拉夫斯基为代表的体验派戏剧和以布莱希特为代表的表现派戏剧。

（3）通过本课学习，使得学生在明辨西方戏剧表演两大派系的基础上，熟悉中国戏曲的功法，了解中国戏曲表演既不是体验派也不是表现派，而是第三种表演体系。

3. 过程与方法

（1）通过对莎士比亚戏剧和中国戏曲的比较以及对西方戏剧两大表演体系的辨析，充分认识中国戏曲的"形神兼备"的表演体系。

（2）通过课堂上同学们积极讨论，培养他们的思考能力和探索精神。

（二）教学重点难点

（1）教学重点：世界戏剧两大基本体系的划分。

（2）教学难点：前苏联戏剧家斯坦尼斯拉夫斯基提出戏剧表演的"体验派"理论，德国戏剧家布莱希特提出"表现派"理论，为此西方戏剧表演分为两大体系，即体验和表现，体系之辨由此产生。

（三）教学方法、教学资源

教法：问题导引法、参与式教学法、探究式教学法。

学法：自主学习法、课堂讨论法、即兴表演法。

教学资源：

（1）蓝凡. 中西戏剧比较论[M]. 北京：学林出版社，2008.

（2）饶芃子. 中西戏剧比较教程[M]. 广州：广东高等教育出版社，1989.

（3）周宁. 比较戏剧学：中西戏剧话语模式研究[M]. 上海：上海社会科学院出版社，1993.

（4）田本相. 中国现代比较戏剧史[M]. 北京：文化艺术出版社，1993.

（四）教学过程

1. 新课导入，了解西方戏剧的两大表演体系

思政元素融入设计：政治认同。将毛泽东《延安文艺座谈会讲话》中"我们的文艺工作者需要做自己的文艺工作，但是这个了解人熟悉人的工作却是第一位的工作"讲话精神落实到本章节内容。戏剧学专业的学生首先要熟悉自己学习的对象，熟悉和了解西方戏剧两大表演体系，在此基础之上再来解决中国戏曲所面临的问题，避免盲从。

2. 新课讲授，掌握西方戏剧表演体系的体系之辨

（1）分析西方戏剧表演体系中以斯坦尼斯拉夫斯基为代表的体验派与布莱希特为代表的表现派等两大派别。

（2）西方戏剧理论对中国戏曲表演理论的影响：

① 认为中国戏曲属于体验派，以焦菊隐为代表。

② 认为中国戏曲属于表现派，以朱光潜为代表。

③ 认为中国戏曲是表演和体验相结合，黄佐临为代表。

思政元素融入设计：文化自信。党的十八大以来，习近平总书记反复强调文化自信的讲话，20世纪50年代初，国内诸多知名学者生搬硬套用西方戏剧理论体系来解决中国戏曲的表演问题，这种现象一直持续到当下，导致在理论研究上走了弯路，而且并不能解决中国戏曲的表演理论问题。

（3）西方戏剧理论与中国戏曲表演美学：

① 西方戏剧理论对于中国戏曲表演理论的影响，以上三位学者观念简明复述。

② 分析三位知名学者如何"活学活用"地用西方戏剧理论解释中国戏曲表演的问题。

③ 了解中国戏曲自成一家的"形神兼备"的表演体系。

思政元素融入设计：重温经典。通过该门课程的学习，重温中外经典戏剧，体验经典戏剧中人类的美好情感和人文情怀，赓续经典戏剧中的爱国情怀。

（4）留出5分钟时间，请学生上讲台即兴表演小戏剧，或戏剧片段、诗歌朗诵等，艺术形式不拘。

3. 课后延伸

（1）课后小结。本课系统地讲解西方戏剧理论中斯氏体系和布氏体系，明晰西方戏剧体系之辨，为接下来第三节、第四节讲解独立于西方戏剧理论体系之外的中国戏曲表演理论做了前课讲解。

（2）课后作业。写一篇1500字论文，阐述西方戏剧体系之辨。

（3）教学反思。中西方戏剧体系之辩，一节课的时间只能做一个大致的介绍，让同学们了解何为戏剧体系，中国戏曲表演与西方戏剧表演的不同，而对此概念的深入了解还需在长期的教学过程中不断加强。

四、课件

戏剧表演的体验和表现
一、体系之辨
　　西方体验和表现的论证由来已久，近两百多年，究其发端，肇始于古希腊时代。
　　体验：舞台演出中，自我融入角色之中，化入角色，以角色自居，而体验出外部动作。
　　表现：演员以体验好的外部动作，作为理想范本在舞台上理智地重新表现角色。

二、斯坦尼斯拉夫斯基与布莱希特

（一）一场火灾引发世界戏剧的变化：斯坦尼斯拉夫斯基体验，《我的艺术生活》一个故事。

　　见教材253页。一次家庭演出上，年仅4岁的斯坦尼斯拉夫斯基表演点燃篝火，他真实地把木片塞进烛火，因而烧着棉袄，引发一场火灾。

　　切入与衔接思政教育点："政治认同"思政点。解决中国戏曲表演理论问题，先要熟悉西方戏剧理论体系之辨，为何要讲解西方戏剧表演体系？毛泽东在《延安文艺座谈会讲话》中指出"我们的文艺工作者需要做自己的文艺工作，但是这个了解人熟悉人的工作却是第一位的工作……文艺工作者同自己的描写对象和作品接受者不熟，或者简直生疏得很"。戏剧学的学生首先要深入了解自己学习的对象。

（二）布莱希特（德）：在早期表演派表演理论基础之上，提出间离（又称陌生化效果，破除幻觉手法）等主张。

布氏认为：演员如果与角色同看法、同感受、化入角色之中，是艺术上的失败。"有些演员完全消融在角色里，其后果自然只能是舞台上只剩下演员所扮演的角色，而观众也只能接受这个角色。这样就会造成理解一切就是原谅一切，的毫无意义的后果，正如我们在自然主义的作品中强烈感受到的那样"。

布氏强调：戏剧必须间离它所表演的一切。

（三）斯坦尼体系与布莱希特体系并非二元对立，而是彼此互串。

斯氏"体验的艺术在每次创作中都尽量重新感受角色的情感，而表现的艺术仅仅在家里体验一次角色，目的是只认识一下角色，然后创造一种形式来表现这个角色的精神实质"（《演员的自我修养》）。

两派论争，在斯坦尼和丹钦科晚年都意识到，不能单纯地把表演分为体验派和表现派，纯粹的表现派和体验派是不存在的。在实践中，所有的派别都混到一起了。

三、西方戏剧理论与中国戏曲表演

- （一）运用西方戏剧理论来界定中国戏曲表演属性问题的论争，大致上有以下三类：
1. 认为中国戏曲属于体验派，以焦菊隐为代表。
2. 认为中国戏曲属于表现派，以朱光潜为代表。
3. 认为中国戏曲是表演和体验相结合，黄佐临为代表。

切入与衔接思政教育点："文化自信"思政点。党的十八大以来，习近平总书记反复强调文化自信的讲话，20世纪50年代初，国内诸多知名学者生搬硬套用西方戏剧理论体系来解决中国戏曲的表演问题，这种现象一直持续到当下，导致在理论研究上走了弯路，而且并不能解决中国戏曲的表演理论问题，这就文化不自信的表现，对灿烂悠久的中国戏曲表演艺术不自信。

（二）三种代表性意见，概括了我们几十年来关于中国戏曲表演体系的界定问题讨论的全部面貌，集中体现在这方面所走过的全部思辨过程。

西方戏剧理论对中国戏曲表演造成的困惑，中国学术界、表演评论界基本上用斯坦尼体系和布莱希特体系的戏剧表演理论来解说、分析研究中国戏曲表演，甚至将中国戏曲理论中有关戏曲表演的论述，反过来解释和验证西方戏剧表演理论，表现为学术上不自信。

切入与衔接思政教育点："重温经典"思政点，善于融汇贯通，重温中西经典戏剧中人类的美好情怀和情感体验，赓续经典戏剧中爱国情怀。

课堂讨论：结合戏剧学专业，谈谈如何展开"重温经典"

"中西戏剧比较"课程思政教学案例 233

"数码摄影技艺与图片赏析"教学设计案例

一、课程简介

1. 课程性质

数码摄影技艺与图片赏析是美育类通识课程,旨在通过课程学习,帮助学习者掌握数码摄影基础知识、基本技能和图片处理的基本操作,提高学习者在掌握基本操作的基础上发现美、欣赏美、创造美的能力。本课程一共有25节视频教学内容,其中20节摄影教学,5节图片处理教学,总计30学时,2学分。

2. 课程内容

课程分为10章,系统介绍拍摄器材、曝光测光及景深、人像、风光拍摄,以及手机拍摄技巧和数码图片的后期处理等知识,使每个学生具备相关的摄影基础知识,掌握摄影的基本技能。学生不仅可以学习照相机和手机实用摄影的拍摄要求、方法和技巧,拍摄出具有一定欣赏价值的影像,还能学会摄影构图的基本知识,具有构图能力和欣赏能力,掌握各种摄影类别的造型功能和作用。熟悉不同焦距的光学镜头造型特点及艺术表现力,熟悉各种照明光线和色彩造型手段的运用等技艺,提高学生的实际拍摄能力以及美学基础。

3. 授课教师

阮建玲,副教授,硕士生导师,安徽省"教坛新秀",主持安徽省教学研究重点项目2项,自2018年以来先后获得安徽省教学成果二等奖、首届安徽省本科师范院校教师智慧教学大赛三等奖、安庆师范大学青年教师课堂教学大赛一等奖等荣誉,所授课程获批2018年安徽省大规模在线开放课程(MOOC)示范项目。

二、课程思政资源分析

数码摄影技艺与图片赏析课程具有较多可挖掘的思政资源。从"技艺"层面讲,学生摄影技能的培养与提高过程是不断提升专业水平进而去发现美、创造美的过程；从"赏析"层面上讲，对优秀摄影作品的赏析有助于学生树立正确的艺术观和价值观。基于以上思政资源的挖掘与分析，本课程将思政目标确立为：引导学生立足时代、扎根人民、深入生活，要坚持以美育人、以美化人，积极弘扬中华美育精神，引导学生自觉传承和弘扬中华优秀传统文化，全面提高学生的审美和人文素养，增强文化自信。

（一）课程思政建设目标

思政目标1：以美育人。习近平总书记高度重视美育工作，要求运用新媒体新技术使思想政治工作活起来，为艺术类课程思政明确了方向。摄影通过图片与视频记录生活，实现了纪实性与艺术性的统一。本课程是培养学生艺术思维素养、树立正确艺术观和创作观的重要途径；同时，通过学习和实训学习可以增强学生的政治认同、思想认同、情感认同，让学生的心灵埋下真善美的种子。

思政目标2：以美化人。朱光潜先生有句名言："要求人心净化，先要求人生美化。"如果青少年的精神世界没有童话、歌谣和大自然的云彩、花朵、鸟叫虫鸣，如果青少年没有艺术爱好和艺术修养，就不可能全面发展。在教学过程中，通过让学生对作品进行辨别与赏析，培养学生辨别真善美的能力；通过拍摄实践，让学生对现实生活进行观察记录与思考，认识到现实社会的真善美，领悟个人与社会、国家间的关系，促进人的全面发展。

思政目标3：以美弘文。中华优秀传统文化的弘扬离不开现代图片载体和媒体技术，通过数码摄影作品呈现、保存及弘扬中华优秀传统文化进而增强文化自信是本课程的重要思政目标之一。本课程鼓励学生在学会数码摄影技艺的同时，能够充分利用现代数码摄影技术立足时代、深入民间去记录和发现中华优秀文化遗产，肩担起弘扬中华美育精神和中华优秀传统文化的历史使命。

（二）课程思政融入方式

本课程的思政元素需要通过老师的启发和引导，通过摄影和编辑知识的讲解，通过作品赏析和创作实践，帮助学生深入挖掘课程中美育元素，实现本课程以美育人、以美化人、以美弘文的积极功能。

（1）结合学科理论知识开展课程思政。以摄影专业知识为载体，以课程思政目标为旨归，采取点-线-面的形式，发掘教学内容中所蕴含的哲学元素，启发学生关于"美"的历史思维、辩证思维和创新思维；通过摄影学科发展史、摄影学科代表人物成长史，启发学生对奋斗和成长成才成功的思考；通过反映现实社会的图片赏析，启发学生进行多维度分析，提高学生认识和辨识问题的能力。

（2）结合学科实践性知识开展课程思政。本课程在理论知识学习中设计了实践环节，并安排一定课时的实践教学，如拓展活动、作业设计等，通过摄影实践环节，培养学生发现中国美、创造中国美、展现中国美的能力；实践教学中采用PBL教学法，通过社会热点问题的采编，以问题为导向，培养学生的团队协作精神，激发出学生的创造力和潜能，让学生从被动学习转变为主动学习。

三、教学案例展示

走近摄影——寻找不同视角

本节课是数码摄影技艺与图片赏析课程中第一章的第二小节,属于课程中的基础章节。让学生从实际运用的角度出发,认识摄影,了解摄影,喜欢摄影。注重学生在理解教学内容的同时,更注重学生实践,激发他们的拍摄学习的热情。作为教材中的第一章,它不仅为景深学习与构图基础奠定了良好的基础,也为教材后面的其他章节内容做了铺垫,在教材中起到了至关重要的作用。本次教学为1学时。

(一)教学目标

1. 情感态度与价值观目标

(1)通过本节课的学习,培养大学生的艺术兴趣,提高其摄影作品的表现力与创造力,增强自信,丰富学生的精神世界。
(2)通过实践指导和案例分析,激发学生学习热情和创作激情,激励学生奋进向上,追求卓越,提高学生发现美、创造美的的能力。
(3)通过对七十周年国庆阅兵式图片的解析,理解国家、国家利益、国家安全概念,坚定爱党、爱祖国、爱人民的情感,培养高雅道德情操和审美情趣。

2. 知识与技能目标

(1)了解摄影作品拍摄的不同视角及其表现形式。
(2)能够根据拍摄意图采用合理表现形式进行作品拍摄。

3. 过程与方法目标

(1)通过理论讲授,学会欣赏比较并认识不同视角的成像效果。
(2)通过观察分析,发现特殊视角的表现手法。
(3)通过尝试与评价,感受不同视角的创作乐趣。

(二)教学重难点

教学重点:掌握摄影不同视角的合理运用及提高图片赏析水平。
教学难点:如何利用透视线来突出拍摄主体。

(三)教学方法、教学资源

教法:PBL教学法、互动教学法、案例教学法。
学法:自主学习法、探究学习法。
教学资源:

（1）颜志刚.摄影技艺教程[M].8版.上海:复旦大学出版社.
（2）安徽省网络课程学习中心：http://www.ehuixue.cn/index/detail/index? cid=34466.
（3）自编教学参考资料.
（4）前期课程学生优秀作品集.

（四）教学过程

教学环节一：导入新课

以线上课程学习中集中反馈的三个问题为线索，利用雨课堂展开投票环节，引出大部分同学在预习第一章节时提出的问题"如何拍好一张照片？"根据问题导入课题"摄影拍摄技巧——寻找不同视角"。

教学环节二：讲授新课

根据预习的内容把寻找不同视角总结为三点："光影""硬件""透视"。前两点是预习内容的深度讲解，"透视"是新加内容。

知识点一：光影效果（剪影与利用倒影）。

教师点拨引导：观察两幅图片哪一幅视觉效果更好？比较采用剪影的方法后照片的不同。

学生自主探究：欣赏，观察，比较。

教师点拨引导：在利用倒影作品中，哪些部分被"强调"了？

学生自主观察、思考并回答。

知识点二：硬件。

（1）采用"广角""长焦""微距"三点，结合图片分开讲解，教师点拨引导，了解不同焦段的不同成像效果。学生在此环节中初步了解镜头的焦距概念。学生经过自主探究观察后，手机提交一张自己的摄影作业，由教师进行点评。

（2）分享一个拓展新视点，欣赏利用核磁技术拍摄的图片带来的不同视觉效果。如果在前面的方法上出现画面效果不理想，还可以利用"二次构图"剪裁的方法补救。缺点是画质会下降。

（3）设计一个主观题，给学生分组并讨论，尝试剪裁，每组提交两张对比图片，看效果的差别。设计意图是营造亲切自然的教学环境，教师选择学生的作业让其自己回答，同学主动补充对比，探究方法，拍摄角度有没有凸显主体，从而解决本课教学难点。

思政元素融入设计：提出"美在相偕"理念，说明"真善美"的内在逻辑。"真"实反映我们所拍摄的客观事物本质属性，"善"于揭示客观事物的发展方向就或价值追求，"美"在"真"与"善"的相偕统一之中，指导学生根据艺术表现形式拍摄和制作思想境界高尚的作品，突出弘扬人类社会"真"的本质、"善"的追求、"美"的境界，提高认识世界、改造世界的本领。

知识点三：透视线条的利用。

教师先展示一张前景夸张的道路图片，提出透视的概念。接着展示国庆七十周年阅兵式的方正照片,感受到人民解放军的一种士气和一种凝聚力!再看"大国重器"——东风41导弹,凸显国家利益与国家安全。

思政元素融入设计:强烈的透视线条将我国的国防力量像一把利刃一样展现给世界,我们国家的军事力量位居世界前列,这是我们现在幸福生活的坚强后盾和保障!感受到祖国的日益强大,感受到了我们中华民族坚强不屈的精神。以学生提交的一张"小学生敬礼"作业为例,在了解透视线条的同时分享爱国主义的情思,激发学生的爱国热情。少年强则国强!我们应该珍惜前辈们给我们创造的和平社会,一起砥砺前行,让祖国更加繁荣昌盛!"此生无悔入华夏,来生还在种花家!"

教学环节三:课堂小结

教师以课程开始的三个问题作为呼应,总结今天的内容,想拍出与众不同的照片需要寻找和别人不一样的视角。

(1) 如何拍出与众不同的照片?——寻找不同视角(重点)。
(2) 如何做到摄影的"减法"?——捕捉生活细节,以小见大。
(3) 手机可以达到所展示图片的效果吗?——与单反相机硬件的差距,能达到画面构图效果,但画质有区别。

教学环节四:课后作业

主题一:寻找身边"最美劳动者"。
主题二:用摄影呈现"非遗之美"。
要求:采用合适的拍摄视角凸显主体;构图合理;课后提交到线上课程作业版块。
设计意图:引导学生在创作中掌握摄影不同视角的合理运用及提高图片赏析能力。
思政元素融入设计:

(1) 寻找拍摄我们身边的普通劳动者,他们是最美的人。祖国的前进,离不开各行各业的"螺丝钉"。千千万万普通的劳动者,用劳作回馈生活,以汗水创造美好。他们一直坚守在一线,默默无闻地坚守着自己的岗位。走近他们、学习他们,欣赏他们美丽的身影,感受劳动场景之美、劳动精神之美。

(2) 非物质文化遗产是人类鲜活的文化历史传统。我国非物质文化遗产多元,独具丰厚的历史底蕴和地方特色,是现代数码摄影艺术的重要素材。利用现代数码摄影的"光影""硬件""透视"技术和效果呈现非遗之美,是新时代非遗传承的重要表现。

(五) 教学反思

本次教学设计充分挖掘和分析了数码摄影技艺和赏析课程的既有思政资源,确立了"以美育人""以美化人""以美弘文"的课程思政目标,适合艺术类学科专业特点,也体现了高校课程思政建设指导纲要关于课程思政目标的要求。在课程思政融入方式上主要以教学渗透和案例赏析为主,一方面结合数码摄影的学科理论知识进行课程思政融入,另一方面结合数码摄影的学科实践性知识进行课程思政融入,将艺术类课程本有的课程思政元素如盐在水、润物无声般融入了教学设计中。同时,将课程思政融入教学全过程,从导入到新课到课后拓展,基本上每个环节都自然融入了课程思政元素,尤其是课后作业的两大主题创作——"寻找最美劳动者"和"用摄影呈现非遗之美",充分将本课程的思政目标体现出来。当然,本次教学设计还存在不足之处,如课程思政融入方式不够灵活多样等。

四、课件

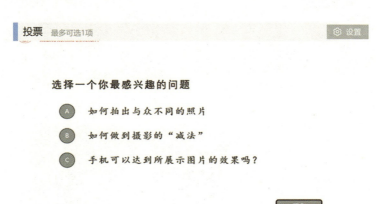

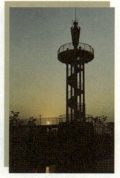

"数码摄影技艺与图片赏析"教学设计案例

TIP　EXPAND

新的设备
拍摄
产生不同视觉效果

小练习：每组同学提交两张
对比照片
"美善相惜"

此生无悔入华夏
来生还在中华家

总　　结

1. 如何拍出与众不同的照片？　➤　寻找不同视角

2. 如何做到摄影的"减法"　➤　捕捉生活细节，以小见大

3. 手机可以达到所展示图片的效果吗？　➤　与单反相机硬件的差距，能达到画面构图效果，但画质有区别

主观题 10分　　　　　　　　　　　　　　　　　　　　　⚙ 设置

课后练习：

　　主题一：寻找身边"最美劳动者"
　　主题二：用摄影呈现"非遗之美"

　要求：（1）采用合适的拍摄视角突显主体
　　　　（2）构图合理
　　　　（3）课后提交到线上课程作业版块

正常使用主观题需2.0以上版本雨课堂

作答

"学校体育学"课程思政教学设计案例

一、课程简介

1. 课程性质

学校体育学是一门培养体育教育工作者组织与实施学校体育工作所必修的专业核心课程,共计 34 学时,2 学分;修读对象为体育教育专业本科二年级学生,开课时间为第四学期。

2. 课程内容

学校体育学课程内容共分 4 篇 16 章,即:学校体育总论:主要介绍学校体育的历史(产生与发展)和发展趋势(目标);体育课程与体育教学:主要介绍体育课程的概念、性质、功能、实施与评价等;课余体育:主要介绍课余体育活动、训练与竞赛的方法与原则等;学校体育管理:主要介绍学校体育工作条例和体育教师的职业特点、条件、成长与发展等。

3. 授课教师

张加军,副教授,主要担任体育教育专业的学校体育学、中学体育教材教法、田径和大学体育公共课教学任务。2018 年以来先后荣获安庆师范大学首届课程思政教学大赛教案赛三等奖、安庆师范大学体育学院课程思政教学大赛教案赛一等奖和安徽省省级教学成果一等奖(主持)等称号。

二、课程思政资源分析

(一)课程思政建设目标

学校体育学课程内容蕴含着爱国情怀、人生价值、职业责任、中国体育精神及规则与法律意识等思政教育元素。在本课程的教学中,教师通过课前活用教材,制订课程思政教学计划,课中明确思政教学目标,合理运用教学方法,课后延伸课堂教学,促进学生品德内化,从而实现专业知识教育与思想价值引领有机结合;学生通过学习,可以深刻理解学校体育在落实"立德树人"任务中的作用;激发强烈的教育情怀,培植良好的人生观、体育职业价值观、思想政治观与纪律法治观等。

思政目标1:教育情怀意识。通过体育教师基本条件、职责内容和具备条件章节内容的学习,学生明白体育教师职业对个人专业素养、育人使命与职责的要求,明确努力方向;培育自己将来为师从教的教育情怀,确立"服务学生、奉献教育"的崇高人生追求;确立以劳动和贡献为取向的人生价值标准等。

思政目标2:思想政治教育。通过学校体育与竞技体育的关系章节内容的学习,学生正确理解学校体育工作的内涵,处理好学校体育和竞技体育的关系。讲好体育故事和弘扬中国"体育精神"。以竞技体育比赛中体育健儿自强、奋斗、敢于担当、敢于胜利的爱国主义、集体主义为核心的民族精神和以改革创新为核心的时代精神有机统一的中国精神为动力,提升运动训练能力,做好校园竞技体育工作。

思政目标3:法制意识。通过学校体育政策法规章节内容的学习,学生确立正确的法制观,依法开展学校体育工作、自觉维护学校体育政策法规。依法行使权利与履行义务,通过合法途径处理学生接受体育教育权力等方面的问题。

思政目标4:校园文明。通过学校体育心理环境章节内容的教学,学生明白与理解学校体育心理环境的概念、构成要素、功能等基本问题。遵守校纪校规,弘扬校训精神。树立爱护学校声誉,为学校争光的责任感。传播优秀体育文化,关心爱护学生,做学生的良师益友。坚持言行雅正,为人师表,以身作则,举止文明,作风正派,自重自爱。遵守学术规范,要严谨治学。具备营造文明、健康、积极向上的校园体育氛围能力。

(二)课程思政融入方式

学校体育学是体育教育专业学生必修的一门专业核心课程,蕴含着丰富的课程思政教育元素。通过本课程的学习,学生不仅能够掌握相关专业理论知识与实践教学技能,而且可以完善将来从教为师的职业素养。依据学校体育学课程教学内容的特点,主要选择教学渗透和课堂讨论的融入方式。如在体育教师基本条件、职责和具备条件章节内容教学上,可以积极渗入体育教师职业意识、职业道德爱岗敬业等思政元素;也可以根据本章节教学的需要,巧设典型的蕴含课程思政内容的课堂讨论主题,启发学生思考与讨论,增强学生体育教师职业的认同感、自豪感与荣誉感;正确认识自己专业发展的新时代责任与使命等。

三、教学案例展示

体育教师的地位、条件及职责

教案展示内容选自高等教育出版社出版的《学校体育学》(第2版)中第十章第三节"体育教师的地位、条件及职责"。该节内容是学校体育学课程内容的重要组成部分。在本课程的学习中,学生可以主动、积极践行社会主义核心价值观;深刻理解学校体育在落实"立德树人"任务中的作用;激发强烈的教育情怀和关爱学生、促进学生身心全面发展的意识;并能够依法履行教师职责权利和义务,遵守教师职业道德规范和职业操守等。

(一)教学目标

1. 情感与价值目标

加强学生未来为师的职业道德、学术规范、教育情怀、责任与担当等价值引领,培育学生良好的职业道德品质。

2. 知识与技能目标

通过主动学习与讨论,学生充分认识当下体育教师的地位与劳动特点、类型特征、职责与技能等。

3. 过程与方法目标

学会与知晓体育教师成长、发展过程与方法,领会新时代体育教师教学所要具备的基本素养,培育与提升教学技能技巧。

(二)教学重难点

教学重点:体育教师的基本条件与职责。

教学难点:怎样结合当前体育教师教育发展的新要求,讲明白新时代体育教师应具备条件与职责的时代背景,使学生乐学,并掌握本章节内容,提升职业责任意识。

(三)教学方法、教学资源

教法:讲授法、观摩法。
学法:自主学习法、讨论法。
教学资源:
(1)周登嵩.学校体育学[M].北京:人民体育出版社,2009.
(2)李祥.学校体育学[M].北京:高等教育出版社,2004.
(3)潘绍伟,等.学校体育学[M].北京:高等教育出版社,2006.
(4)中国大学 MOOC"学校体育学"(国家体育总局科教司):https://www.icourse163.org/course/detail.htm? cid=1002835002.
(5)"学校体育学"网络课程(王敏):http://eol.shzu.edu.cn/meol/jpk/course/layout/newpage/index.jsp? courseId=18280.

（四）教学过程

教学环节一：新课导入

讨论：你认为体育教师的职业价值与社会价值是什么？体育教师的劳动特点与体育教师的类型有哪些？

通过学生讨论与回答引出体育教师的地位、劳动的特点等教学内容，然后教师进行教学内容讲授。

教学环节二：新课讲授

知识点一：体育教师的地位。

引导学生阅读教材 P382 关于体育教师地位的相关内容。让同学思考近代学校教育发展中体育教师地位确立的过程。

请同学回答后课件展示新中国成立以来体育教师地位随体育科学地位不断改善而提高的情况。

引导学生理解当代学校教育对体育教师地位新要求提出的时代背景。

思政元素融入设计：培育学生体育教育情怀与体育价值观。授课教师结合录像讲授我国学校体育发展情况和体育教师从无到有、地位逐渐提升的历史背景与过程，使学生对体育教师地位与价值的认识由感性上升为理性认识。

知识点二：体育教师的劳动特点。

引导学生阅读教材 P386 关于体育教师劳动特点的相关内容。让同学思考教师劳动有哪些特点，体育教师劳动的特点与其他教师劳动特点的不同。

在提问同学回答后，课件展示体育教师的劳动特点，并讲解与分析。

引导学生理解体育教师的劳动特点与其他学科的教师在劳动上的相同点与显著不同点。

思政元素融入设计：

（1）通过课程观摩和微课训练等，将体育教师职业特点与角色意识的教育融入本知识点教学。

（2）通过对体育教师劳动特点的小组讨论与思考，学生理解体育教师的职业特点，养成体育职业角色意识。

知识点三：体育教师的类型。

引导学生阅读教材 P388 关于体育教师类型的相关内容。让同学思考体育教师的类型有哪些，是怎么划分的。

在提问同学回答后，PPT 课件展示体育教师的类型，并讲解与分析。

引导学生理解体育教师的类型与划分依据。

思政元素融入设计：

（1）将学术规范教育融入本知识点教学，学生通过学习，理解不同体育教师类型的特点及学术规范要求。

（2）通过对体育教师类型的学习与思考，学生掌握不同类型体育教师的职业要求，培植职业意愿，做好职业规划等。

知识点四：体育教师的基本条件与职责。

引导学生阅读教材 P391～393 关于体育教师的基本条件与职责的相关内容。让学生讨论：你认为作为一名合格的体育教师，应该具备哪些基本条件？

在讨论、同学们回答问题后，教师播放优秀体育教师教学视频，同时 PPT 课件展示体育教师的基本条件与职责教学内容。

通过讲解，引导学生理解新时代一个合格的体育教师的基本条件与需履行的职责。

思政元素融入设计：

（1）将师德规范、职业素养教育融入本知识点的教学，学生掌握新时代体育教师应具备的条件。

（2）通过对体育教师职责的学习与思考，学生深刻理解体育教师的职责，培植自我职业爱心、担当与职责意识等。

教学环节三：课后延伸

布置课后作业：请同学们课后复习本节课学习的内容；查阅新中国成立以来我国学校教育中体育教师地位的变化历程；分析新时代一个合格体育教师应具备的条件提出的历史背景。

（五）教学反思

在学校体育学课程"体育教师的地位、条件与职责"章节的教学中，以往较注重理论讲授与讨论，关注学生基本知识与技能的掌握，"立德树人"思政元素融入价值引领方面的考虑较少，学生学习积极性不高，学习效果不佳。本次课教学在注重知识与技能传授的前提下，充分挖掘蕴于本章节教学内容之中的思政元素，对学生进行人文素养的价值引领，学生学习积极性更高，参与性较好，教学效果有所提升。

四、课件

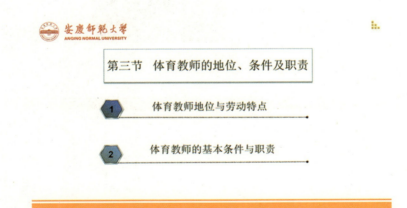

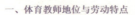

一、体育教师地位与劳动特点

（一）体育教师的地位

1. 近代学校教育发展中体育教师地位的确立
2. 新中国成立以来，体育教师地位随体育学科地位不断改善而提高
3. 当代学校教育对体育教师地位的要求

思政元素　社会主义核心价值观、体育教师的价值

（二）体育教师的劳动特点

1. 脑力劳动和体力劳动相结合
2. 工作对象多，活动空间广
3. 工作复杂，多样和繁重
4. 工作具有社会性

思政元素　体育教师的职业特点与角色意识

（三）体育教师的类型

按不同学制划分的体育教师类型

1. 大学体育教师工作及其特点
2. 中学体育教师工作及其特点
3. 小学体育教师工作及其特点

思政元素　体育教师职业意愿、规划与学术规范

按不同成才特征划分的体育教师类型

1. 以教学为特长的体育教师
2. 以训练为特长的体育教师
3. 以科研为特长的体育教师
4. 复合型的体育教师

思考：以教学为特长与以训练为特长体育教师的区别与联系？

二、体育教师的基本条件与职责

（一）体育教师的基本条件
1. 高尚的道德品质
2. 宽厚的理论基础与广博知识
3. 良好的专项技能技术
4. 先进的现代教育思想和教育观念
5. 全面的专业工作能力
6. 良好的心理品质和强健的体魄

思政元素

体育教师师德规范与职业素养

（二）体育教师的基本职责

1. 贯彻各项教育、体育工作方针、政策和法规，制定各种教育教学文件
2. 优先做好体育教学工作
3. 组织指导课外体育锻炼
4. 开展课余体育训练与竞赛
5. 从事学校体育科研

思政元素

体育教师职责与使命

思考：

1. 体育教师劳动的特点与其他学科教师有什么不同？
2. 新时代成为一名优秀体育教师应具备的条件？
3. 反思本章节所学内容，谈一谈自己将来的体育职业规划？

后　　记

　　为了深入贯彻党和国家关于课程思政建设的文件精神,不断提升教师课程思政建设意识和能力,发挥好优秀课程思政教学案例的示范引领作用,在校党委领导下,教务处组织成立了安庆师范大学课程思政教学案例编委会,将我校历届课程思政教学大赛产生的优秀教学设计案例编辑成册,供广大师生学习交流。编委会由党委书记许继荣、校长闵永新担任主编,教务处潘锦云处长、阮建玲副处长担任副主编,负责全书选题设计、框架构建和内容审定等工作。成员主要包括数理学院陈素根教授、教师教育学院方玉芬副教授、马克思主义学院张铭副教授、音乐学院彭传山副教授、化学化工学院庞韬副教授、外国语学院王平副教授、创新创业学院刘华圆老师。

　　编委会成立后多次召开研讨会,研究制订了课程思政教学案例编写规范,综合考虑学科类别及其专业课程性质,精心遴选了25篇教学案例,分成人文篇、理工篇和艺体篇,编辑成《课程思政教学设计案例选编(第一辑)》。所有承担课程思政案例编写的教师认真对待此项工作,根据编委会制定的编写规范认真整理和完善其教学案例。在编委会成员的共同努力下,案例集终于完成了统改和定稿。本案例集在编写过程中,金文斌教授、王先荣教授认真审阅了全部教学案例,提出了修改意见和建议,在此表示衷心感谢。

　　在案例集编写过程中,全体编委深入教学一线,广泛听取师生和相关专家意见,进一步加深了对课程思政的认识,提高了挖掘思政元素及其运用于课程教学的能力。后期,学校将进一步加强和推广课程思政建设,利用三年的时间完成所有本科专业2000余门课程思政教学设计,最终实现"门门有思政、人人讲思政"立德树人的教育教学目标。